U0000559

風水

讓富人累積財富，
讓窮人改變命運。

謝沅瑾 瑾

自序

謝沅瑾　道職法名：羅瑾

中華堪輿道派第十七代掌門宗師

中華周易道派第十七代掌門宗師

自六歲起，因家學淵源的關係，追隨父母研習易經、風水、堪輿、命理、五術……無時無刻都在學習鑽研；十四歲時更進一步，承十七位老師指導，研究、精進……直至今日，秉持著活到老、學到老的精神……持續研究、學習。

1994年開始長期接受台灣及國際間各大電視台、新聞、媒體，採訪、錄影，從上遍各大節目、各台新聞之外，甚至連「Discovery Channel」國際探索頻道，介紹中華文化的一系列節目，都曾數度專程飛到台灣，錄影採訪，美國華人寫有關「風水影響華人」的論文（影響最大的人），都專程飛到台灣來拜訪（論文有被收錄）。

2003年起，開立全世界第一個收視率超高的純「風水」節目「台灣妙妙妙」，讓大家對於「風水」有了全新的概念，原來「風水」不光只是中國人的「文化」，更能夠接軌世界和科學結合印證，是一個最符合生活科學的「風水概念」，節目影響遍及台灣、新加坡、馬來西亞、美國、印尼……各地，不但影響深遠，更將「風水」、「易經」弘揚到世界各地，並且也因此到世界各地堪輿、分析、演講、教學……。

2004年起，出版民俗/風水「教科書系列」，2008年起，還出版開運農民曆系列，包括專業著作數十本，並創下一本專業風水書，連續八年銷售排行榜冠軍的紀錄！其「風水著作」更是大家一致公認為最科學、簡單、易

懂，甚至能夠直接對照使用的「風水書」，打破以往風水書深奧難懂的問況，非常多的人，在看傳統風水書的時候，除非你的中文底子很深，否則往往看不下去，而這一系列的書籍大賣，顛覆了大家對風水書的看法，於是除了大跟風之外，也改變了許多風水書的寫法。

2010年更在澳門「澳亞衛視」開創第一個兩岸四地看的見的專業風水節目「順風順水」，以科學的角度分析、分享，弘揚傳統文化，不但深入淺出，更讓很多人在風水上，有了全新正確的概念，把大家在生活上容易遇到的問題，清楚、明確的和大家一起來分析、分享，大家可以想像一個節目，能夠從2010做到現在這麼長的時間，從不間斷每週兩集到七集的節目量，一個人需要讀多少書，多少的學問和知識，才能夠這樣長長久久的分享，難怪每個主持人都說：老師你真是一座寶庫永遠都挖不完……而我都會說：「風水」不光只是值得驕傲的「中華文化」，更是能夠在生活上運用、實踐、對照的老祖先的生活智慧。

在電視節目二十幾年，上過各種國際節目、訪問、演講，真正希望的是弘揚、傳遞「中華文化」，將「風水」、「易經」和「現代科學」結合分析，也寫過「論文」，讓「風水」能夠學術研究「正名」，當國際間都在研究易經、風水的時候，其實最需要的是有心研究、傳遞中華文化的人，能夠薪火相傳。

這一次「居家風水教科書系列」書名叫做「如何選出好房子的36招」，主要原因是因為現在房價高漲，很多人需要努力一輩子才有機會買一間房子，即使只是租房也會影響未來事業、財運的成績；因此如何選出一間好房子，就變得更加重要，我希望能夠把畢生所學和大家一起分享，所以書中的內容遠遠超過書名所寫的36招！我希望能夠在深入淺出的內容中，給大家無形中最大的幫助！

謝 沅 瑾 老 師 大 事 紀		
西元	年齡	重要經歷
1970	6	開始學習國術
1978	14	開始學習命理五術
1982	18	以業餘身分開始從事命理工作 考上國術、太極拳合格教練
1990	26	白手起家配合專業知識創立連鎖事業
1993	29	正式執業，擔任「中華堪輿道派」第十七代掌門宗師 成立《謝沅瑾命理／民俗文化研究中心》
1994	30	開始長期接受台視、中視、華視、三立、東森……等九家台灣電視台 以及平面媒體新聞採訪報導
1995	31	受邀長期參加台灣各有線無線電視台節目錄影
1996	32	受邀長期參加台灣三立電視台《穿梭陰陽界》、台灣GTV 27《神通鬼大》……等節目錄影
1997	33	受邀長期參加台灣中視電視台《社會秘密檔案》……等節目錄影
1998	34	受邀長期參加台灣超級電視台《星期天怕怕》、台灣八大《神出鬼沒》……等節目錄影
1999	35	受邀參加日本電視台長期電視錄影 受邀參加台灣東森電視台《鬼話連篇》等節目錄影長達五年
2000	36	受邀長期參加台灣三立電視台《第三隻眼》等節目錄影 獲頒「十大傑出星相命理學家」
2001	37	受邀長期參加台灣東森S電視台《社會追緝令》、台灣GTV 28《命運大作戰》等節目錄影
2003	39	受邀參加台灣中天電視台《台灣妙妙妙》等節目錄影長達二年
2004	40	受邀參加上海電視台演講錄影 風水著作《謝沅瑾風水教科書系列》開始出版
2005	41	長期受邀於新加坡、馬來西亞……進行多次演說 受邀參加台灣緯來電視台《好運望望來》長達一年 受邀參加台灣緯來電視台《不可思議的世界》……等節目長期錄影
2006	42	「謝沅瑾風水教科書系列」第五本《好風水、好桃花》出版 「謝沅瑾民俗風水教科書系列」—《福》、《祿》、《壽》、《喜》出版

2007	43	受邀長期於獨家報導撰寫《謝沅瑾回憶錄》，成為第一位連載回憶錄的風水命理老師 「謝沅瑾風水教科書系列」第六本《招財風水教科書》出版
2008	44	「謝沅瑾民俗風水教科書系列」《謝沅瑾開運農民曆系列》開始出版 《一瞬間改變命運》出版
2009	45	「謝沅瑾民俗風水教科書系列」《謝沅瑾老師教你改好運發大財》出版
2010	46	受邀長期參與海外澳亞衛視《順風順水》節目錄影 「謝沅瑾風水教科書系列」第七本《新居家風水教科書》出版 「謝沅瑾民俗風水教科書系列」《謝沅瑾老師教你改好運發大財2》出版
2011	47	「謝沅瑾民俗風水教科書系列」第八本《文昌風水教科書》出版 「謝沅瑾風水教科書系列」第九本《新居家風水教科書2》出版 正式接任「中華周易道派」第十七代掌門宗師 創立「中國正統民俗風水教育協會」擔任第一屆全國總會理事長 當選「中華星相易理堪輿師協進會」第四屆全國總會理事長
2012	48	受邀長期參與緯來電視台《風水有關係》節目錄影
2013	49	謝沅瑾「行動風水教室」臉書粉絲團成立，開始分享謝沅瑾老師風水案例
2014	50	粉絲頁「謝沅瑾命理／民俗文化研究中心」與「謝沅瑾老師行動風水教室」 粉絲合計突破41萬人 出版《謝沅瑾羊年生肖運勢大解析》一書
2015	51	出版《觀相》一書，教讀者看相識人 出版《謝沅瑾猴年生肖運勢大解析》一書
2016	52	出版《謝沅瑾雞年生肖運勢大解析》一書 受邀長期參加緯來電視台《來自星星的事》節目錄影
2017	53	出版《謝沅瑾最專業的經典居家風水》一書 出版《謝沅瑾狗年生肖運勢大解析》一書
2018	54	世界「道家文化」國際高峰會獲頒 「中華道家易經堪輿卓越貢獻成就獎」與「中華易經十大名師」 出版《謝沅瑾最專業的財運居家風水》一書 出版《謝沅瑾豬年生肖運勢大解析》一書
2019	55	出版《謝沅瑾最專業的開運居家風水：如何選出好房子的36招》一書 出版《謝沅瑾鼠年生肖運勢大解析》一書

于千祐老師

- 中華堪星道派掌門宗師
- 中國正統民俗風水教育協會總會副理事長
- 中華星相易理堪輿師協進會總會秘書長
- 謝沅瑾命理/民俗文化研究中心專任風水解說老師
- 謝沅瑾命理/民俗文化研究中心新加坡分部專任風水解說老師

自1983年起認識謝沅瑾老師，算一算時間已經三十多年了，很多人都很羨慕我，有什麼樣的因緣際會可以認識謝老師？我想也許一切都是緣分吧。一九八三年，當年我們都還是學生，那時，我想創立台灣協和工商夜間部手語社，在學校老師的指引下，認識了已經創立協和日間部手語社半年有餘的謝老師，在他的協助下，終於完成了我的夢想。接著我又加入謝老師在松山區青少年福利服務中心創立的手語社。這個手語社裡，有來自台北市各個有意願創立手語社的高中高職所派出的學生代表，大家一起在這裡學習手語及手語歌，學成之後回到學校去創立手語社，這些學生也就是第一批手語歌流行歌曲表演的種子。

除了和謝老師一起練習手語、手語歌之外，我也和許多人一起向謝老師學習「功夫」（國術），再把國術與手語結合，一起表演。但謝老師是個有豐富才藝的人，最讓我欣賞的並不只是上述的這兩項，而是「文筆」與「易經風水命理」。謝老師在學校裡可說是風雲人物，在老師引薦我們認識之前，我早就聽過他的名字無數次了，每一期的校刊裡，他的名字都至少出現過五六次以上，不論是攝影、文章、新詩等，都有他的作品。所以當我們第一次見面時，我就忍不住興奮大叫：「我知道你是誰！」從此結下了這個不解之緣。

這麼多年來，我跟隨謝老師走遍世界各地，看過謝老師無數的演講，聽他解析各國不同的風水建築，除了感佩他的知識涵養深厚之外，更讓我感動的是謝老師對「易經風水民俗」永遠不變的熱忱。不論是在華人或者非華人的地

謝老師不僅破除了一般人把「風水」與「迷信」
畫上等號的錯誤認知，
更讓這個傳統的知識能夠與時俱進。

區，面對的是東方人或者西方人，只要你對風水有興趣，只要你願意提問，謝老師就會不厭其煩的為你詳細解說。他就像是一座大型的知識庫，能從「科學的角度」、「民俗的說法」、「風水的原理」、「依據和根源」全方位的分析老祖宗的智慧，不僅破除了一般人把「風水」與「迷信」畫上等號的錯誤認知，更讓這個傳統的知識能夠與時俱進。我想，這也就是為什麼謝老師能夠讓這麼多政商名流、科技新貴、藝人明星到一般普羅大眾都能信服他、喜歡他的原因吧。

從1994年第一個電視新聞採訪開始，到2004年謝老師的第一本著作出版，2010年更在澳門「澳亞衛視」開創第一個兩岸四地看的見的「專業風水節目」「順風順水」，拜科技之賜，謝老師是「台灣風水教父」的聲名越來越遠播，走遍世界各地都有人能叫得出謝老師的名字，但無論老師多麼有名，他永遠都能保持赤子之心，永遠那麼謙遜與充滿熱誠，這也是我與老師的弟子們最感佩的地方。

而無論您是老師的觀眾或者讀者，相信看過、聽過他對風水的分析，也能感受到老師對風水的解析真的不一樣，能夠理解他讓大家尊重的原因，他所寫的書，也完全毫不藏私的和大家分享，也希望讀者們都能從中認識到正確的風水知識，並且勇於改變，就像老師經常掛在嘴邊的一句話：「風水讓富人累積財富，讓窮人改變命運」，讓我們一起踏出成功的第一步吧！

胡瑋庭老師

- 中華堪輿道派宗師府大弟子（謝沅瑾老師入室大弟子）
- 中華堪輿道派亞洲區行政負責人
- 謝沅瑾命理／民俗文化研究中心亞洲區行政負責人
- 中國正統民俗風水教育協會全國總會常務理事

自1995年認識謝老師開始，從一個拜託謝老師幫忙看自己家裡風水的人，轉變成一個跟著謝老師看人家家裡風水的人，每天跟著謝老師一起看風水、八字、姓名已二十多年，然而謝老師給我的感覺，卻跟剛認識時一樣，那麼熱心、真誠與負責。

在開始和謝老師學習時，謝老師已經是個媒體寵兒，除了固定時間錄影的兩個節目以外，還隨時都會有媒體想要採訪或邀約錄影。在每天排得滿滿的風水鑑定行程中，還要挪出時間參加各種錄影與訪問，固然考驗了一個助理的能耐，但更考驗了一個命理老師的品格和人格。

在這十多年來，眼看著許多老師在電視媒體上進進出出，出現消失，或者自以為有名而張牙舞爪，得意洋洋，甚至獅子大開口的人大有人在，能夠像謝老師一樣，在媒體的包圍之下，依然維持一貫的誠實、謙虛、純樸、熱誠的老師，可說是少之又少。特別是和謝老師在國際舞台上看著美國、日本、新加坡……等世界各國媒體邀約採訪時，一位真正國際級的大師，受到大家真心的尊重，仍然能夠保持平常心，對待所有的人，那種感覺才是我真正感動的地方。

每個人都有扭轉逆境的力量，
而這本書正是那把關鍵之鑰！

謝老師要求每一位弟子，一定要有人飢己飢，人溺己溺的精神，並常說道：「法律之前人人平等，相同地，在當老師的人面前也應該是一樣人人平等，絕對不可分貧富貴賤，任何人都有改變命運的權利！」所以和謝老師一起走過的這十年間，無論是達官貴人，或是一般民眾，謝老師從不分貧富貴賤，都是一樣認真謙虛的對待。

謝老師常常犧牲用餐時間，餓著肚子，還認真地聽每一個人說著自己的問題。在這十多年中，有好幾次遇到家中發生急難的人，不計代價，只希望事情能越早處理好越好。要換做是其他老師，趁火打劫，想盡辦法敲竹槓的大有人在，但謝老師不但沒有如此，甚至見到當事人家境困苦，更是伸出援手免費幫忙解決問題，這種善行義舉，對天天和謝老師一起東奔西跑，救苦救難的我們，更是如數家珍。

由於長期在謝老師身邊的關係，謝老師在風水命理姓名學上的專業與準確，對我而言已如同家常便飯，見怪不怪，然而眼看著一位命理老師，長期處在這樣的地位與聲望中，卻依然能保有當年的那股熱情與原則，對我們這種經歷無數，聽過成千上萬家庭的喜怒哀樂的人來說，謝老師的「一路走來始終如一」才是我最敬佩他之處。

于子芸老師

- 中華堪輿道派宗師府二弟子（謝沅瑾老師入室二弟子）
- 謝沅瑾命理／民俗文化研究中心總部
  暨新加坡分部專任姓名學解說老師
- 中國正統民俗風水教育協會全國總會副理事長

自1984年與謝老師認識，從相信風水、瞭解風水，進而接觸姓名學，在這麼多年接觸學習的過程中，深知謝老師將所學到的知識，毫無保留地傳授給弟子們。謝老師告誡弟子們：「要把有用的學問，幫助需要幫助的人，絕不能分貧、富、貴、賤。」更不能用自己所學的學問，去做坑、矇、拐、騙的事去害別人，因為我們所說的任何一句話，都有可能會影響到別人的一生，所以說話必須實在，不要誇大，要將別人的問題，用誠懇的心去處理事情，解決問題。

謝老師始終認為人應該為自己說的話負責，而謝老師許多傳承自師尊的告誡，像是「稻子愈成熟，頭就要垂得愈低。」「一個人有三分才華，就要有七分謙虛。」不管擁有多強的實力，身處多高的地位，處事低調、謙虛、誠懇，這些特質從謝老師身上便可看到，這也是老師給弟子們的座右銘，我們時時刻刻都謹記在心。

謝老師是一位無私奉獻、值得尊敬的老師，在教授風水上面，毫不藏私，毫無保留地用最簡單的詞彙，清楚明白地教弟子們和電視機前的每一位觀眾，在世界各國各地的演講中，總有無數的命理老師會到現場聽演講。

謝老師的轉運秘招，讓你轉逆境為順境！
突破困境，再造生命高峰！

當我們問老師為什麼毫無保留地傳授和回答時，謝老師很認真地跟我們講：「正確的命理風水知識，如果可以讓每一個人或每一個老師，有更正確的觀念，去幫助更多需要幫助的人時，其實就是傳播善知識，不是一件很好的事嗎？」這與許多別的老師藏私、嫉妒、自大的態度相比較，有如天壤之別，更加深了我們對謝老師的尊敬，難怪有這麼多人都稱謝老師為「風水命理界的教父！」

謝老師還常說，學問是學無止境，活到老，學到老，謝老師出書，是為了要讓更多的人瞭解風水、命理，進而無形中能幫助更多的人，誠如謝老師所言：「風水讓富人累積財富，讓窮人改變命運。」

我們非常感恩謝老師的教誨，不僅學習到很多專業方面的知識，也學習到許多待人處事的方法與態度，今後我們將秉持謝老師「幫助所有需要幫助的人」的理念，繼續將謝老師服務濟世的精神傳承下去，幫助更多需要幫助的人。

李秉蓁老師

- 中華堪輿道派宗師府五弟子（謝沅瑾老師入室五弟子）
- 中華堪輿道派德國分部負責人
- 中國正統民俗風水教育協會全國總會理事

「風水」這個名詞，是中國在二十一世紀中，令外國朋友印象最深刻的一個詞彙。而中國近代「風水史」中，最功不可沒的一人，非台灣最知名的國際級大師，「謝沅瑾」老師莫屬了。

謝沅瑾老師是台灣第一個純「風水」節目的開山始祖「台灣妙妙妙」，自2003年開播以來，老師的影響力遍及台灣、新加坡、馬來西亞、印尼、美國……連遠在德國的我們也深受其影響。之後2005年第二個專業風水節目在緯來電視台的「好運望望來」。2010年澳門「澳亞衛視」的「順風順水」開創了兩岸四地第一個看得見的專業風水節目。2012年緯來電視台的「風水！有關係」……等節目，都是在各地創造高收視率，引領世界各地對中國「風水」一詞研究探討的重要人物，其影響力，在中國「風水文化」歷史定位中是不可抹滅的。

謝沅瑾老師不但在世界各地開創了大家對風水的一個新的熱潮，也引領大家對於中國傳統風水的印象，有了非常大的改變。他也是第一位在電視上公開用科學的角度解析風水，用現代化顯淺易懂的詞彙分析，把幾十年來的研究，中國人的智慧，大家不論年紀、知識水平的高低，都能理解風水影響的老師。

謝沅瑾老師是中國近代風水史中，

最功不可沒的一人！

謝沅瑾老師完全有別於「傳統風水」印象，由於各家秘密不願公開，老師們又各自藏私的重大差別。所以才會被尊稱為「台灣風水命理界的教父」！遠在德國的我們，也和許多中國人、海外僑胞學子一樣，都是看「謝沅瑾」老師的節目，一路過來的，從自己修正調整，改變風水到親自到台灣取經，登門拜訪謝老師。

最令人驚訝的是，「謝沅瑾老師」電視上忠厚老實，和藹親民的印象，在私底下，居然和電視上一模一樣，感覺上就像認識謝老師很久很久了一樣。而遠在美國也有學子們的論文，和我們一樣是專程到台灣專訪謝老師寫的，連各國的電視台，Discovery Channel……等國際性的節目，也一再到台灣拜訪「謝沅瑾老師」做各種主題性的專訪。

不論您在世界何處，不管您看的是「謝沅瑾老師」的節目或書籍，都祝福您能和我們一樣平安幸福，讓謝沅瑾老師的精神延續下去，「幫助到所有需要幫助的人」，記住老師的名言「風水！讓富人累積財富！讓窮人改變命運！」

目　錄

影響房子好壞的因素　18

如何選出好房子　52

影響房子好壞的因素

居家風水上的煞氣是由
「內煞」與「外煞」組成，
後者也就是指由居家周遭的
山川、河流、道路、建築、
植物及物品所產生的煞氣。
由於其不易變動的特性，
因此相對來說十分重要。
以科學的角度來看，
就是「環境學」和「地質學」
中所提到的，
房屋周圍環境與地物
對居家生活所造成的影響。

何謂「煞」與「沖」

風水上所謂的「煞氣」原本只是指一股能量，若能量可達之處，沒有可受影響的物體，或影響極弱（例如距離非常遠），則沒有任何問題。

但若這股能量衝擊到住家，並對其產生特定負面影響之後，對住家而言，它便稱作「煞氣」。而風水上所稱的「沖」，其實便是指「直接被煞氣衝擊影響到」。

例如，蓋在一大片空地上的A房屋有四面牆壁，每面牆也各自投射出能量，這些能量原本沒有影響。

但是當有一天，這間房屋的對面蓋了另一棟B房屋，並剛好被A房屋的某一面牆切到時，這股切到B房屋的能量，便形成了風水上所稱的「壁刀」。

◎現代建築物櫛比鱗次，在較為繁華的地區，要找到不受其他建築物影響的位置可說是十分困難。

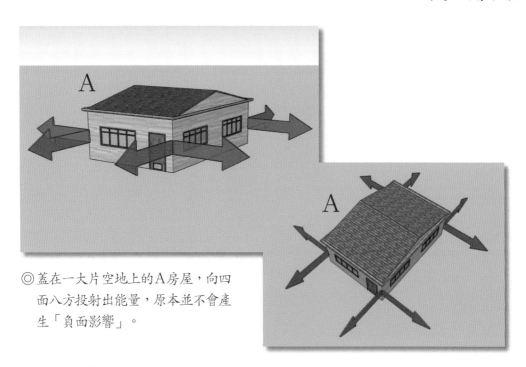

◎蓋在一大片空地上的A房屋，向四面八方投射出能量，原本並不會產生「負面影響」。

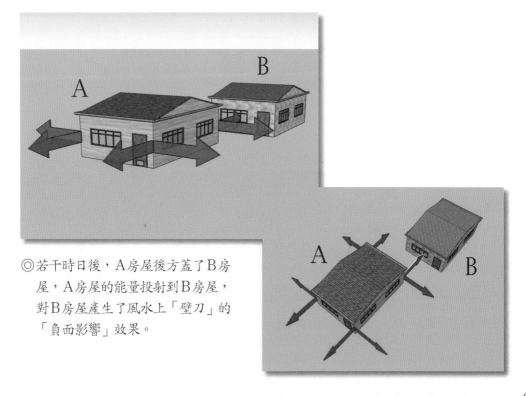

◎若干時日後，A房屋後方蓋了B房屋，A房屋的能量投射到B房屋，對B房屋產生了風水上「壁刀」的「負面影響」效果。

決定煞氣強弱的因素

煞氣影響的強弱，一般是看大小、距離、形狀、數量等因素來決定。舉例來說，大樓產生的煞氣通常比小公寓來得強；而同樣是四層樓公寓，距離十公尺遠與距離一百公尺，產生的煞氣強弱也會有差別。好比想要鋸開一段木頭，一把鋸子跟一把美工刀能造成的破壞力可說是天差地遠。

另外形狀也會使煞氣的強度不同，例如有些大樓因為追求設計感的關係，具有一些非常尖銳的角度，面對這些比較尖銳的屋角時，受到的影響會比較大。好比同樣是一把刀，刀鋒跟刀背造成的破壞力也是截然不同。面對同樣煞氣時，煞氣數量越多，威力也會越強。例如鋸齒狀的大樓外觀，可能會出現同時被多個屋角對到的情形。

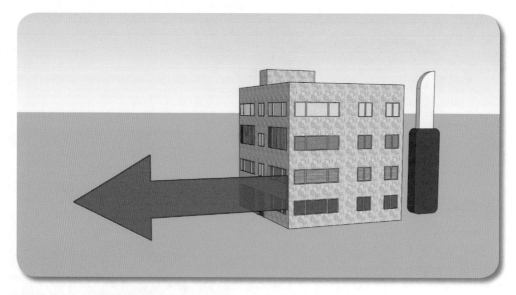

◎壁刀因為煞氣形式宛如刀鋒而得名，

22

◎公寓產生的壁刀，殺傷力遠不及大樓。舉例而言，公寓壁刀產生的殺傷力如果像是小刀，則大樓所產生的殺傷力則可能宛如一把大刀。

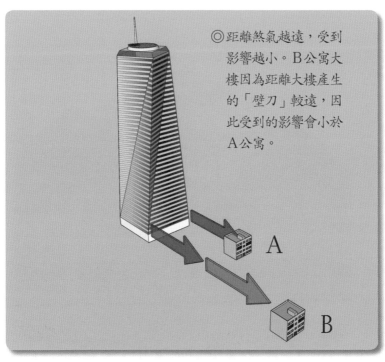

◎距離煞氣越遠，受到影響越小。B公寓大樓因為距離大樓產生的「壁刀」較遠，因此受到的影響會小於A公寓。

◎面對角度越尖銳，殺傷力越強。上圖建築物的煞氣角度
　較下圖的角度尖銳，一般而言影響會越強。

決定煞氣影響類型的因素

煞氣影響的類型，一般會看顏色、正沖與否等因素來決定。顏色則是分為兩個面向，一種是按照顏色的五行屬性決定影響的內容，例如紅色會影響心臟與循環系統、藍色會影響腎臟與排泄系統、白色會影響肺臟與呼吸系統、綠色會影響肝臟與神經系統、黃色會影響脾臟與淋巴系統。

另一種是亮暗的差異，例如同樣是白色屋角，閃閃發光的金屬材質，跟普通的白色水泥漆，同樣是影響肺臟與呼吸系統，但前者所造成的殺傷力會比後者強。

正沖（煞氣正對）與否則決定了誰被影響最大，例如家中有三間房間，則被煞氣直接切到的那一間影響最大。若該房間沒有住人，則影響以主人為主，然而整個家庭都還是多多少少都會受到影響。

另外由於煞氣是以「家庭」或「家族」為整體單位進行影響，因此若該房間為出租戶，則以影響租客為主。若是一層兩戶式的公寓，假設煞氣是往左邊切過來，影響的是左邊的「家庭」，右邊的「住家」基本上不會受到該煞氣影響。

煞氣顏色與主要影響身體健康部位					
煞氣之 顏色色系	紅色 紫色 咖啡	綠色 原木	白色 銀色 米白	橙色 黃色 卡其	黑色 藍色 灰色
影響之 身體健康	心臟 循環 系統	肝臟 神經 系統	肺臟 呼吸 系統	脾臟 淋巴 系統	腎臟 排泄 系統

影響較小

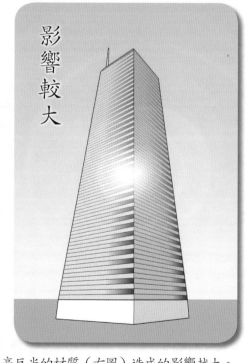

影響較大

◎面對煞氣的顏色與形狀大小相同時，越明亮反光的材質（右圖）造成的影響越大。

◎煞氣正對3號房,影響最大,1、2不受影響。

◎煞氣正對B排住戶,影響最大,A排住戶不受影響。

外煞的分類

風水中的「外煞」,大致上來說可以分為三種來源與分類方式,分別簡要敘述如下:

一、產生自對形狀與顏色的聯想:形狀與顏色可以引發對人事物的聯想,像是許多公共廁所以紅色與藍色、圓形與三角形的組合來分別代表「男性」與「女性」。而最著名的像是紅綠燈中的紅燈、黃燈、綠燈分別代表「危險、禁止」、「注意」與「安全」等三種含意。

舉例而言,風水中的「火形煞」便是因為「複數的紅色三角形」(例如紅色尖頂)使潛意識中產生對「火焰」、「危險」的聯想,紅色三角形越多,煞氣的影響也越大。

◎連續的紅色尖頂(左圖)。引發潛意識中對火焰的聯想(右圖)。

二、地形的影響：住家周遭的地勢前後左右的高、低都會對住家產生各種不同的影響，例如住家正前方就是一整片山壁，在風水上對於家運的影響通常是負面的。

另一種是對動物形狀的聯想，這需要較為宏觀的觀點，並加上適度的想像力，才能作判定的類型，例如某座山的形勢很像「老虎下山」，那麼位在「虎頭」（騎在虎背）的住家，就會比位在「虎口」（羊入虎口）的住家有利。

另外像是形似大象的地形，在風水地理上來說是很好的，因為象鼻會吸水，而風水上認為「水為財」，因此若位於「象鼻穴」上的正確位置時，可以帶來財運。

◎住家周遭地勢若產生類似動物的形狀，也會產生影響，圖中為一隻頭朝右的大象。

三、對形狀加動作的聯
想：例如「弓箭煞」便
是來自於「形式宛如拉弓
射箭→弓箭對著住家射過
來→住家容易產生血光問
題」的聯想。

而「小人探頭」便是來自
於「形式宛如小人探頭對
著住家偷窺→住家可能遇
到偷竊或被小人陷害」的
動作聯想。

◎住家面對「弓箭」易產生血光影響。

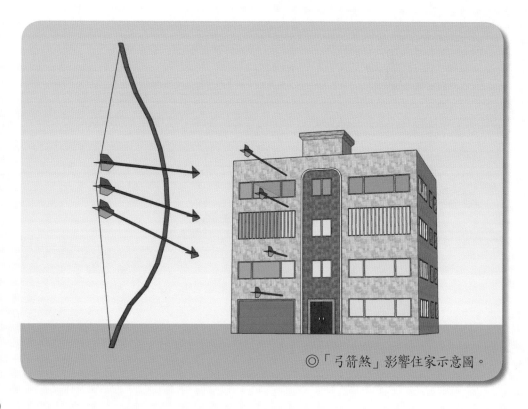

◎「弓箭煞」影響住家示意圖。

又例如位於Y字形路口的「剪刀煞」，Y形道路從住家兩側通過，包夾住住家建築物。

所以「剪刀煞」便是來自於「道路形式宛如剪刀→住家建築物好像位在一把剪刀的刀口內→隨時要被剪刀剪成兩半→裡面的住家容易出現血光問題」的聯想。

◎住家位於「剪刀口」易有血光問題。

◎「剪刀煞」影響住家示意圖。

風水外煞與科學的關係

近來大眾科學（普及科學）昌明，以此作為契機，許多以往被認為無稽「迷信」的風水煞氣，經過科學知識的驗證以後，反而得到了科學理論的背書。因為在古代，風水學原本就是生活的長期觀察經驗與相對應的有效解決方案的累積，原本就屬於科學。

例如「反弓煞」這位於圓弧形道路或河流外側，容易為住家帶來血光、爭執的風水煞氣，就是因為符合了物理學中「離心力」的原理。好比車輛在圓弧形道路高速行駛時，一旦失控便容易衝出道路，直接撞進住家，產生血光的問題；而圓弧形河道，在遇到大雨等水量較大的時候，水流也有可能直接衝出河道，造成附近住家的財物與生命損失。

◎「反弓煞」出現在圓弧形道路或河流的外側。

再以「心理學」來看，位於圓弧形道路外側的住家，因為每天在家往外看，每台汽機車都宛如向家中衝撞而來，到了晚上更有燈光直射家中的問題，日常生活極容易受到干擾，長久下來自然容易心神不寧，甚至精神衰弱，因為情緒不穩定的關係，所以自然容易跟家人或他人起口角爭執。

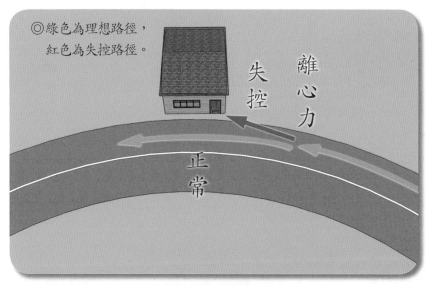

◎綠色為理想路徑，紅色為失控路徑。

失控

離心力

正常

◎住家觀點：經常面對直衝而來的汽車。

避煞優先於化煞

風水上針對煞氣的化解，一般來說以消除煞氣的成因為最佳的方式，畢竟只要沒有「煞氣」，就不需要考慮「化煞」的問題。這邊分成三種情境。

A、消除煞氣來源：因為住家面對變電箱產生的影響健康之煞氣，就可以向有關單位申請遷移變電箱，一旦變電箱被遷走，就不需要考慮化解的問題。

B、閃避煞氣來源；因為有許多外煞的成因來自其他建築，屬於不能消滅的因素，此時風水上第二考量就是閃避，例如現在要蓋新的透天厝，就可以在允許的範圍之內，閃避原本已有的周遭建築物所產生的壁刀、屋角等煞氣。

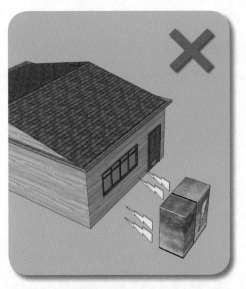

◎A、消除煞氣來源：申請遷移變電箱。

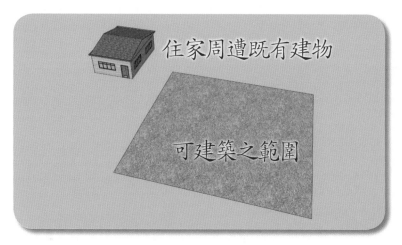

住家周遭既有建物

可建築之範圍

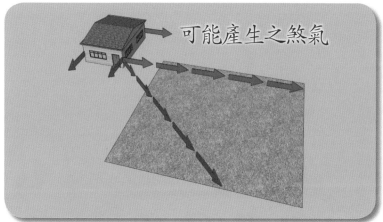

可能產生之煞氣

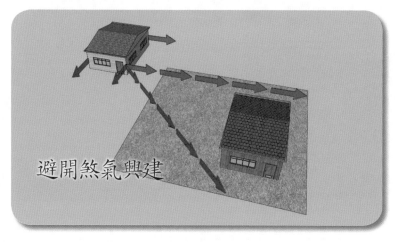

避開煞氣興建

◎B、閃避煞氣來源：避開煞氣興建房屋。

C、迴避煞氣來源：另外一種方式是指選擇以建成的住宅做為住家時，可以先進行煞氣的迴避。例如現在因為工作關係要搬移到另一個地區，而如果當地有好幾個地方可以選擇，則可以優先選擇煞氣最少或沒有的那個地方居住。

若是在任何方案下，都有無可避免的煞氣，或根本已經是既成建築，基於現實考量又沒有辦法選擇不住，則風水上才會建議使用制煞物品來做化解。

◎在興建新房屋時，盡量先避開所有可能煞氣，例如照片中這個正對對面住家「屋脊」與斜對面住家「屋角」的位置。

制煞物品的化煞原理

風水上認為所有物品依據形狀、大小、顏色的不同，都會發揮出不同的能量，因此在居家外部環境中，由山川或其他建築物、裝飾物等也會產生各種能量，當這股能量對人來說屬於負面的時候，便稱做是「煞氣」。

煞氣的能量有大有小，影響和殺傷力自然各自不同。若以「兵器」來比喻，就好像同樣一個人，拿著小刀、大刀、關刀當武器，一般來說造成的殺傷力就會不同。

然而面對不同等級煞氣，需要不同等級的制煞物品。同樣以「兵器」來做比喻，當面對小刀的攻擊時，可能使用小盾牌甚至護手就可以防禦，而面對較大型的兵器像是大刀甚至關刀時，就需要較大的盾牌才足夠。

由於風水上將煞氣視為一種「能量」，因此相對來說，制煞物品化解煞氣的方式，一般來說不外乎是「反射、阻擋、吸收、補足」這四種方式，或者是這四種方式的其中幾種方式的互相輔助與結合。

例如民間常見的「乾坤太極圖」，因為它除了具有「山海鎮」的「反射」功能外，更具有六道鎮宅、避邪、鎮煞、化煞、招財、防盜等功能的符咒，因此也具有「阻擋」邪煞、「補足」家中氣場的功能，是效果極佳的多功能制煞物品。

反射型制煞物品

反射型制煞物品的作用是將煞氣反射回去，使其對住家的能量儘可能散逸，使傷害減低至最小，由於需要「反射」的關係，這類制煞物品通常是鏡面型。

反射型制煞物品一般又分成在反射煞氣的同時，使其擴散並消失於空中的「擴散反射」型，以及將能量集中使反射威力增強的「集中反射」型。

由於風水上講究不傷己傷人，因此一般來說多以「擴散反射」型為主，像是「凸面鏡」、「乾坤太極圖」、「山海鎮」等。

能將煞氣集中反射的「八卦鏡」則大多使用在特殊用途上，如果住家面對煞氣的方向並沒有其他住家，又有其他特殊需求，才考慮使用八卦鏡化煞。然而就算使用八卦鏡，風水上也建議只使用化煞用的「先天八卦鏡」。

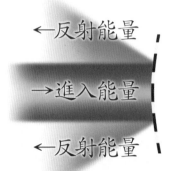

上圖：擴散反射型

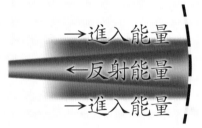

下圖：集中反射型

乾坤太極圖

凸面鏡

八卦鏡

阻擋型制煞物品

阻擋型制煞物品能阻擋煞氣的侵襲，有如海邊的防波堤一樣阻擋波浪的衝擊，使其無法越雷池一步。這類物品通常帶有特殊涵意，像是「泰山石敢當」便象徵有如五嶽之首「泰山」般的高山，有這樣的高山為住家阻擋煞氣，路沖、剪刀煞這類的煞氣自然無異「以卵擊石」。

泰山在古代神話中相傳是上古巨神盤古死後，頭部所化成的，泰山為「五嶽」，也就是東嶽泰山、西嶽華山、中嶽嵩山、北嶽恆山、南嶽衡山這五座山之首，被認為是「天下名山第一」。古書中也有記載至聖先師孔子「登泰山而小天下」，歷朝歷代都對泰山推崇備至。

「泰山石敢當」的由來據說是起於黃帝與蚩尤之戰，當時蚩尤所向無敵，黃帝的軍隊節節敗退，蚩尤不免意氣風發，開始目中無人。有一天蚩尤甚至登上泰山，對著天下狂妄的高呼：「天下誰敢當！」

在天上的女媧娘娘聽到這句話，認為蚩尤過於狂妄，應當加以壓制，於是便投下刻有「泰山石敢當」的練石一粒，蚩尤看到哼哼冷笑，然而他拼盡全力攻擊，「泰山石敢當」卻毫無損傷，蚩尤大驚之餘便落荒而逃。

黃帝聽說此事後，便四處立下「泰山石敢當」，士氣大振，蚩尤不敵而四處逃竄，終於涿鹿被擒。

就歷史文化層面來說，泰山是「齊魯文化」的發源地，該文化是中國古代文明的重要代表，據文獻記載，泰山是許多歷朝歷代皇帝設壇祭祀，向上天祈求能夠風調雨順、國泰民安。

依據歷史記載，泰山也是中國第一位皇帝「秦始皇」封禪儀式之地，之後亦有許多皇帝在此封禪，更添增了泰山的重要性。

因為這樣的關係，「泰山石敢當」在傳統上便被認為是能擋外煞的制煞物品，只要找一顆形如山嶽的石頭，或是石碑，在吉時寫上「泰山石敢當」或「石敢當」，擺放在煞氣正沖之處，便能有一定的擋煞效果。

◎位於雲林西螺的「泰山石敢當」，高度高達五尺六吋，號稱是最台最高的「泰山石敢當」。仔細觀看，其中「泰」字的「水」少了一點，「石」字多了一點，象徵少一點水災，多一點穩定。

針對型制煞物品

阻擋型制煞物品中有一種會「針對」特定煞氣產生作用，像是民間用來化解高壓電塔或電視天線形成之「蜈蚣煞」的「銅公雞」，便是取民俗上「公雞咬蜈蚣」的含意，因此擺放時銅公雞嘴要正對「蜈蚣煞」。

另外一種「針對」各式「樑煞」的「麒麟踩八卦」也是以在橫樑左右各懸掛一隻的方式，象徵橫樑產生的煞氣已經被化解而無法影響住家。

◎無線電視接收天線之造型容易形成「蜈蚣煞」，民俗上會在對到「蜈蚣煞」的位置擺放銅公雞以進行化解。

◎橫樑在風水上容易形成有害家運或健康的「樑煞」，民俗上認為使用一對麒麟踩八卦能夠化解橫樑煞氣。

引導型制煞物品

有些阻擋型制煞物品也附加有「導引」的功能，導引能量使之對住家有利。例如在化解「屋中有水流」這類跟水流有關的煞氣時，使用七枚五帝錢所組成的「北斗七星杓」就能在化解漏財之餘，還能將象徵「財水」的水流導回屋內。

◎民俗上認為房屋下方有水流經過時，容易造成住家漏財的情形。

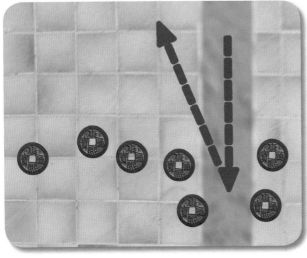

◎民俗上認為北斗七星杓能化解煞氣並同時重新「導引」水流回屋內。

吸收型制煞物品

吸收型制煞物品能吸收並藉此洩化煞氣的衝擊力道，猶如汽機車的避震器，隨時吸收路面不平產生的震動，讓坐在車上的人可以安心舒適的駕駛。白水晶就是常見能吸收煞氣的物品，將白水晶掛在住家面對煞氣的地方，或是隨身攜帶，都可以幫助化解煞氣。但要注意如果是多切面的白水晶，則是以「反射」的方式化煞。

就像海綿吸水一樣，白水晶也有吸收煞氣的上限，民俗上認為透過「消磁」能讓白水晶重新恢復化煞的能力。一般常見的像是將水晶擺放在水晶洞中過夜，或是使用水流沖洗15分鐘，都是幫水晶消磁的方式。

◎圓白水晶能「吸收煞氣」。

◎多切面水晶能「反射煞氣」。

◎水晶若透過七星盤上的正確排列，更可增加效果。

◎水晶透過放置在水晶洞過夜即可達成消磁效果。

民俗上在住家面對煞氣的位置種植植物，或是設置水池，也都是運用五行中相生相剋的原理，將煞氣的能量吸收或洩化，讓住家免除煞氣的威脅。

◎住家前方設置水池可以化煞聚氣。

◎住家面對煞氣之處種植植物可以洩化煞氣。

◎蘆洲李宅與其前方之水池。

◎屋宅前的水池兼具化煞調節氣溫之功能。

補氣型制煞物品

補氣型制煞物品是藉由本身能夠產生氣場的能力，與外在的煞氣做制衡，或是補足不足的氣場，讓住家氣場不平衡的狀況能得到改善，有如將一個歪斜的天平，利用重量的調整使之重新獲得平衡。

五帝錢是很常見能產生氣場的物品，利用本身產生的旺氣產生無形的氣場，在不同的場合中，可以發揮不同的效果，例如在面對「開門正對樓梯而下」的漏財煞氣時，五帝錢可以讓阻擋財水外流，達到化解的效果。

又例如住家雙扇門板一大一小時，在小的那一扇門板下方擺放五帝錢，也可以補足氣場，達成兩扇門板氣場的平衡。

另外像是住家因為地形左右高低不一的關係產生「龍高虎低」或「虎高龍低」的問題時，也可以使用銅龍或銅麒麟，透過補足氣場的方式，來化解問題。

◎五帝錢在風水上具有「補氣」的效果。

◎開門見樓梯向下，象徵財水外流，可以使用五帝錢阻擋，達到化解的效果。

◎住家雙扇門板一大一小時易影響主人運勢，在小的那扇門板下方擺放五帝錢，可補足氣場，化解問題。

◎住家若遇到「虎高龍低」的煞氣，容易影響家中男性。

◎「虎高龍低」的煞氣可以在住家左方擺放三隻銅龍補足氣場進行化解。

◎住家若遇到「龍高虎低」的煞氣，容易影響家中女性。

◎「龍高虎低」的煞氣可以在住家右方擺放三隻銅麒麟補足氣場進行化解。

如何選出
好房子

居家風水上的房子好壞，
不在華麗或儉樸，
也不在熱鬧或偏遠，
只要能遠離各項煞氣，
並擁有優良的氣場，
就是一間可以安居樂業、
闔家平安的「起家厝」。

路沖

住家房屋的四面八方剛好有道路直對過來，民俗上來說就會造成所謂的「路沖」，依照來向的不同，可能會產生血光之災、漏財或犯小人的問題。

以科學觀點來看，道路對著房屋，來車若是酒駕、疲勞駕駛或不注意的話，可能一不小心就會撞進房屋造成意外或財物損失，因此日常潛意識中便可能出現提心吊膽的感覺。

日常生活也容易造成影響，特別是低樓層住戶，面對由遠而近直衝過來的噪音，以及可能直射的車燈，長期下來對於精神狀態方面影響非常大。

◎住家面對直向的路沖。

◎住家同時面對直向與斜向的路沖。

各向路沖對於住家影響主要皆有可能造成「血光」的問題，其他次要影響與受影響者，則視路沖的來向略有不同，以下就用圖表說明路沖的來向與可能發生的問題。

路沖來向與可能發生問題		
左前斜沖	前方正沖	右前斜沖
主犯小人、血光之災	主犯血光之災、漏財	主犯小人、血光之災
左方正沖	住家房屋	右方正沖
主家中男性血光		主家中女性血光
左後斜沖	後方正沖	右後斜沖
主犯小人、血光之災	主犯血光之災、漏財、犯小人	主犯小人、血光之災

路沖的影響範圍

路沖的影響範圍涵蓋道路寬度所對到的第一排住家，所以雖然有時候道路對到的是一整棟大樓，但同一棟其中某幾戶因為沒有被道路對到，或是已有其他居住單位擋住，便沒有「路沖」的情形發生。

以同一家庭單位來說，如果路沖對到主臥，則對主人的影響較大，如果對到小孩房，則對小孩的影響較大，如果對到儲藏室、廁所等地方，則對全家都會有影響，但總的來說仍以主人受到影響最大。透過從家中各個房間觀察，可以知道路沖主要沖的房間。

路沖的影響大小是由道路的寬度、長度、筆直的程度來決定，而對住家來說，整個或部分住家範圍被道路沖到，或是住家範圍被整條或是部分道路沖到，影響也有不同。

◎完全涵蓋住家範圍的路沖，圖中路沖正對之住家門口，已經設置防護與警告設施，提醒用路人注意。

◎從住家窗口望出去，可以判定道路正沖的位置。
照片中路沖屬於「左斜前沖」，依據前頁表格，
住家主要可能有「血光」與「犯小人」的問題。

◎住家正對雙線道路沖（上圖）所受到的影響較正對四線道路沖
　（下圖）為小。

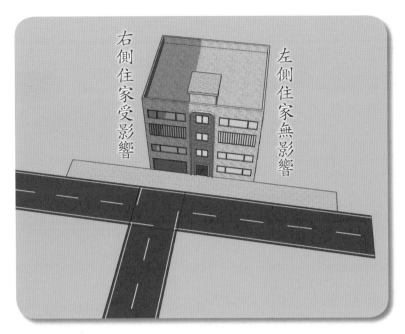

◎（上圖）單邊住戶面對路沖，另一邊不同家之住戶不受影響。
　（下圖）同一家住戶特定房間面對路沖，該房間受影響最大。

路沖的化解方式

若是住家遇到「路沖」，風水上正統的化解方式，是在面對路沖的方向，懸掛開過光的「乾坤太極圖」，可收「移山倒海」的效果，化解煞氣。但如果正沖的位置不方便懸掛，則只要掛在同一面即可。

民間也會擺放「泰山石敢當」或是大型的山型石頭，可擋沖煞之氣，又或者擺放大型凸面鏡，迴避化解煞氣。

住家大門前方若是有足夠空間的話，也可以設置半圓形之月眉池或是苗圃、矮樹叢，除了半圓形本身屬「金」，可以化解同屬「金」的路沖以外，水池、苗圃同樣都是應用五行中「相生相剋」的原理，洩化掉路沖帶來屬於「金」的煞氣，同樣能達到化解的效果。

◎住家前方設置山型石頭（泰山石敢當）以化解路沖問題。

60

◎住家前方設置半月池（上圖），藉其產生的「水」氣可以洩化路沖帶來的煞氣（下圖）。

巷沖（案例分享）

住家正對、背對或側對巷道，在風水上都稱作「巷沖」，依照情形的不同，容易導致血光、漏財或犯小人的情形出現。

以科學觀點來看，房屋對著巷道，也許車行速度不似大馬路那麼快，但仍有可能出現噪音或光線的影響，尤其窄巷中的聲音容易聚集產生回音，特別擾人。

巷沖來向與可能發生問題		
左前斜沖	前方正沖	右前斜沖
主犯小人、血光之災	主犯血光之災、漏財	主犯小人、血光之災
左方正沖	住家房屋	右方正沖
主家中男性血光		主家中女性血光
左後斜沖	後方正沖	右後斜沖
主犯小人、血光之災	主犯血光之災、漏財、犯小人	主犯小人、血光之災

而若是窄巷，由於較少人經過，容易有丟棄垃圾或人畜便溺的問題，這些垃圾或氣味可能會隨著巷道直竄家中，影響居住品質與精神狀態。

巷沖影響雖與路沖類似，但並不因為巷道比道路窄小，影響就比路沖小，事實上巷沖影響大小與路沖剛好「相反」。

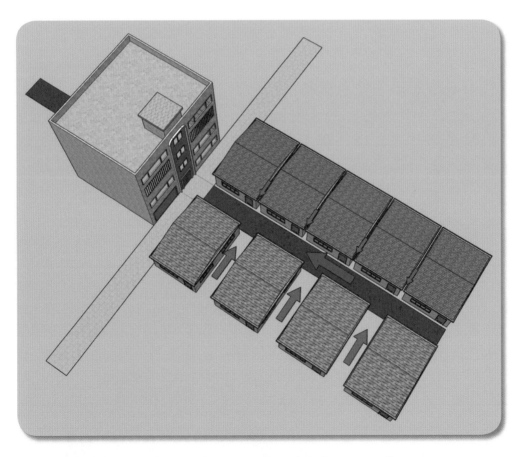

◎在住宅密集的地區，巷沖可謂無所不在，需注意觀察，小心防範。

巷沖沖屋後，小人環伺

謝老師曾經看過的案例中，有一位小沈是忠厚老實的上班族，他平常認真盡責，除了本分的事情之外，也經常不吝幫助同事。有一次公司進了一位新員工，沒想到總經理親自問小沈是否有空，能否夠帶新人一些公司事務，小沈便用心帶新人，新人也非常配合，兩人看似合作無間。

孰料該人實為機靈巧詐之輩，他竟跟總經理打小報告，以一些模擬兩可的說法，暗指小沈都把工作丟給他，然後自己去逍遙偷懶之類的，但其實是小沈認為新人可以開始自行作業，因此才把工作丟給他。

原來這個新人是總經理親戚的小孩，由於親戚的拜託，便試著帶進公司來栽培，既有這層關係，總經理當然是先懷疑小沈，後來甚至直接把小沈叫來罵。小沈先是一頭霧水，等搞清楚狀況以後滿腹委屈，同時又氣憤填膺，他氣到連續幾天都睡不好覺，終於有一次在下班開車回家時，一不留神撞到安全島，車子進廠維修，自己也受了傷。

小沈的太太知道丈夫受了委屈，心裡也嘆了一口氣，他們婚後先住小沈老家幾年，才搬到這裡沒幾個月，小沈身上就發生了那種事。她本身最近也被鄰居李太太一直騷擾，因為有一次沈太太請李太太不要把衣服曬到馬路上，她不僅沒有改善，還經常在看到沈太太時大聲酸言酸語，直到有一天有個比較熟的陳太太跟小沈的太太講了之前的狀況。

陳太太跟沈太太說，其實之前的屋主也有發生類似的事情，就是當初剛搬來的時候，不小心把車停到了某戶人家的「慣用車位」，起了一點糾紛，從此就一直發生狀況，像是被丟各種垃圾在門口，或是半夜被按門鈴等等。於是之前的屋主便在一年租約滿後馬上搬走了。而再之前的屋主也都是差不多的原因。

沈太太聽著感嘆，突然好奇問陳太太是哪家人的車位，陳太太似笑非笑的說：「妳覺得呢？」沈太太覺得陳太太似乎可以信任，便跟她講了先生的事，她跟沈太太說，她覺得這間風水可能是有問題的，建議她可以找老師來看看。

沈太太嘗試問了幾個朋友，順便大吐苦水，其中一個朋友便介紹謝沅瑾老師給她。

◎選擇居住房屋時，要小心各種風水煞氣，避免搬入後生活受到影響。

巷沖影響跟寬窄成反比

終於到了謝老師來的那天，謝老師一看，原來他們家這棟透天的後面，竟然是一條又長又筆直的防火巷，而且窄到人幾乎要側著身子才能通過。

謝老師跟小沈夫婦說，就算是極少有人使用的防火巷也算「巷沖」，巷沖影響第一因素是長度，也就是巷道越長，影響越強。第二因素則是寬度，但跟路沖不同，巷沖的影響跟寬窄是成反比，也就是巷道越細，殺傷力反而會越強，以科學的方式來解釋，就像在澆花時把水管捏的越細，水的力道就會越強的道理是一樣的。

謝老師進一步以科學的觀點來解釋，越窄小的巷道通常由於越少有人經過，因此越有可能被亂丟垃圾或便溺，多半較為骯髒，而若風一吹，就很容易將穢氣與細菌往家裡吹，而若巷道越細，則風壓便會越強，吹進來的穢氣，當然就越重了，小沈夫婦聽了連連點頭，他們搬進來之後，後面廚房的窗戶幾乎都是關著的，正是因為有時會有強風夾帶臭氣傳入，讓人感到十分難受，又擔心這樣的臭氣會污染廚房的廚具與食物，便很少將之開啟。

謝老師又說，這樣的巷沖容易造成血光之災，所以小沈的車禍在風水上的解釋就是因為巷沖的影響所致。再來就是容易犯小人，幸好剛搬進來的關係，時間還不長，影響還不會很大。但日子一久，可能越來越嚴重，建議盡快化解。

◎巷沖的強弱判定方法之一為產生巷沖之巷道的寬窄，在兩者長度相同或接近的前提下，較寬的巷道（左圖，可三人並排行走）殺傷力反而不若較窄的巷道（右圖，僅容一人行走）嚴重，因此要避免因為巷道不起眼而忽略。

巷沖帶來的血光與小人該怎麼化解

謝老師告訴小沈，巷沖的化解方式是在面對巷道的牆上或門上，掛上開光過的「乾坤太極圖」，以收「移山倒海」的效果，化解煞氣。

但如果正沖的位置不方便懸掛，則只要掛在建築物同一面的任何位置即可，然而如果該面有主臥的話，制煞物品的懸掛會以主臥為優先選擇。若住家一樓有足夠空地，也可以在對著巷沖的位置擺放「泰山石敢當」。

小沈聽了謝老師的解說之後，選擇將「乾坤太極圖」在住家二樓，因為那邊正是主臥的位置。

自從小沈在臥室窗外懸掛了「乾坤太極圖」，並花了幾個週末將後巷清掃乾淨後，情勢明顯開始轉變。

◎在主臥有面對外部煞氣的狀況下，民俗上建議制煞物品的懸掛位置，應以主臥為優先選擇。

68

在公司方面，有一天有個經理去向總經理報告事情時，剛好聽到新人又在跟總經理講小沈的壞話，經理不動聲色的聽完，等新人離去以後，就技巧性的跟總經理講了實情。總經理聽了非常震驚，於是找了幾個比較知道小沈狀況的員工詢問狀況，那幾個員工的說法都證實了問題確實出在新人身上。總經理從震驚轉為震怒，當天就要新人離開公司。

沈太太這邊也產生變化，有一天沈太太出門時又剛好被李太太看到，她又開始大聲謾罵，剛好陳太太經過，便幫沈太太講話，兩人越吵越大聲，沒想到這時另外兩個太太也先後加入，全都是幫沈太太講話的。李太太眼見情勢不對，氣勢大弱，話越講越小聲，最後甚至跟沈太太道歉，沈太太心地善良，連忙打圓場說一切都是誤會，讓李太太非常感動。

時間很快又過了幾個月，房東有天晚上打電話來問小沈是否還要續租，小沈除了表明要續租，還問說如果一次租久一點是否可以打折？房東十分驚訝，原來這麼多年來，大部分的房客都是租滿一年就走，甚至不到一年就退租，願意長期續租的，小沈可說是第一個。

為什麼不呢？自從上次新人事件後，小沈就受到總經理的注意與賞識，現在已經被提拔為副理。而沈太太也跟李太太成了好朋友，她還幫著李太太跟附近鄰居太太們化解誤會，現在大家一片和諧。這麼好的地方，當然要一直住下去！

Ｙ字形路口的剪刀煞

住家若是對上Ｙ字形的馬路，因為道路形狀像一把剪刀，因此房屋就好像位在剪刀口一樣，所以稱作「剪刀煞」。剪刀煞容易導致車禍、血光等意外。

以科學的觀點來看，Ｙ字路口的房屋形同位於「動線」，所以當駕駛人稍有不注意，可能就會迎頭撞上。從另一個觀點來看，Ｙ字路口的路標往往辨識不易，紅綠燈的設置也常讓人摸不清頭緒（例如是否有左右專用燈？），經常導致初到此地的車輛急煞或急轉，造成交通意外的機率大增。

◎剪刀煞容易造成住家有車禍血光的問題。

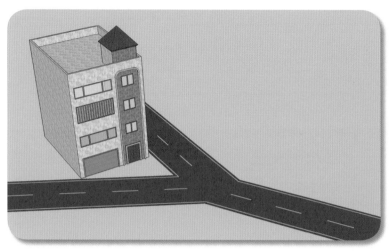

◎剪刀煞的由來，是以形象而命名。Y字形的馬路（上圖）猶如一把剪刀（下圖）。

剪刀煞的化解方式

1.在房屋前建造一個半圓形的水池，因為風水上半圓形屬
「金」，可化解同屬「金」的剪刀，另外水池產生的水氣，
也可以洩化剪刀煞的煞氣。

2.在房屋前面設置花圃，因為植物產生的氧氣可以化煞，而
且植物屬「木」，可以營造出「金剪木」的形式，如此「剪
刀煞」的煞氣便無法延伸影響到房屋。

3.一樓的住家可以在
住家面對剪刀煞「刀
口」的位置，設置以石
頭製成的「泰山石敢
當」，或懸掛「乾坤太
極圖」、「乾坤太極山
海鎮」，都可以達到化
解的效果。

4.二樓以上的住家可以
在面對剪刀煞「刀口」
的位置，懸掛「乾坤太
極圖」、「乾坤太極山
海鎮」，以達到化解的
效果。

◎在剪刀口種植植物，可以降低剪刀煞的影響。

◎正對煞氣來向設置半月形水池或花圃（上圖），
　以化解剪刀煞（下圖）。

無尾巷（案例分享）

謝老師曾在知名風水節目中看過一個銷售業務員的住家，他在搬到位於無尾巷底端的新住處後，一直沒辦法接到新的客戶，而且現有手上的客戶也岌岌可危，有一間大公司因為人事異動，新來的主管想要找自己認識的業務員，預計在下個年度就會把他換掉。

住在無尾巷，小心事業與家庭皆有頭無尾

如果房屋所處的巷子只有單邊有通路，另一邊是山壁或圍牆或牆壁，不僅汽機車，連人都沒有可以正常通行的道路時，在風水上便形成了「無尾巷」，不管在實際上或風水上，都容易導致住家遇到「無路可走、四處碰壁」的問題。

◎無尾巷底經常出現堆放雜物與較為髒亂的情形。

以氣場觀點來看，氣流講究不停滯（當然也不能出現過度流動的情形），從巷子進來的不好的氣流，全都聚集在此，因此越處於無尾巷尾端的住家，受到負面影響也越大。

這也就是為什麼那位銷售業務員，明明表現沒有變差，卻因為外在其他因素影響的關係，自己不管如何努力，都還是會受到一定程度的影響，導致事業停滯不前。

同時謝沅瑾老師也提醒他，這樣的風水格局，不但會造成事業的影響，嚴重時甚至可能出現沒有後代的狀況，因為「無尾」的風水就暗示了容易有後代問題的狀況。此時銷售業務員才驚訝說出一個事實，也就是他跟他老婆本來預計搬過來以後要生小孩，但不知為何卻一直沒有結果，夫妻倆去醫院檢查結果都是正常，但就是生不出來，而謝老師竟然看了格局就能精準說出狀況。

◎無尾巷對巷底正對的住家來說，既是無尾巷也是巷沖。

化解無尾巷，雙喜臨門

另一方面，以科學觀點來看，住家門口的道路若只有一邊可通，一旦遇到火災，則有可能產生位於「無尾巷」底的居民，「有路逃不得」的困境。

而在日常生活上來說，由於巷道一邊沒有出路，因此有形的風沙、垃圾等與無形的氣味、病菌等都容易堆積在巷底，造成髒亂與病菌的溫床。

無尾巷的化解方式，首先是尋求是否可以開通另一邊的道路，只要人能走的寬度亦可。如果沒有辦法，則可在面對道路的牆壁，懸掛開光過的「乾坤太極圖」，以收「移山倒海」的效果，化解煞氣。

那位銷售業務在聽從謝沅瑾老師的指示，懸掛了「乾坤太極圖」之後，也告訴自己不要太早放棄，便繼續努力在客戶面前展現能力，不久業績開始慢慢又重回軌道。新主管看他如此努力，衡量了一下換人的利弊得失之後，便也暫時打消了念頭，甚至開始當面稱許他。

銷售業務也在完成一筆大訂單之後，帶著妻子到國外度了幾天假，也許是夫妻心情都輕鬆愉快的關係，回國之後妻子的肚皮竟然也就傳出喜訊！可謂「雙喜臨門」！在雙重喜訊的喜悅之下，這位銷售業務和太太，帶著禮物親自登門道謝！

◎山坡上的住家，由於地勢變化大，經常有遇到無尾巷的情形。

◎無尾巷遇到火災，高空視角模擬圖，巷尾居民可能會遇到無路可逃的窘境。

◎無尾巷遇到火災，巷外視角模擬圖。整個出口已經被火封鎖。

◎無尾巷遇到火災，巷內視角模擬圖。整個出口已經被火封鎖。

水從屋中流

有些工廠或住家原本是蓋在灌溉渠或水溝旁邊，因為拓建的關係，而直接在灌溉渠或水溝上面加蓋新廠房或新住家，這樣便形成「水從屋中流」的情形，在風水上容易導致漏財。

也有直接蓋在河流或溝渠上的房屋，或是因為溝渠已經廢棄，而在上面蓋房屋的。

但在風水上來說，就算是灌溉渠或水溝已廢棄，但只要沒有完全拆除、填掉，而有管道在地下，因為仍有無形中的氣流流動的關係，也算水從屋中流。

◎直接蓋在河道上的房屋或廠房，一般若沒有適當化解，如果正逢住家運勢低落時，通常會出現漏財問題。

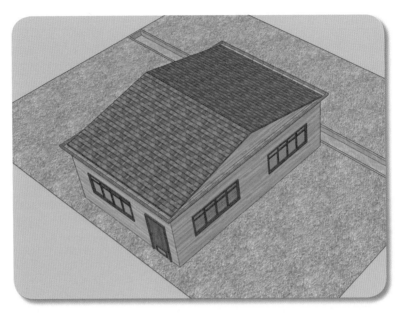

◎水從屋中流經常出現在原本就緊貼溝渠的房屋（上圖），
　因為需要拓建而直接蓋在溝渠上（下圖），造成水從屋中流。

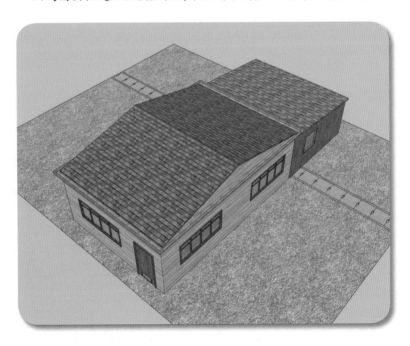

以科學觀點來看，密閉的水道很難清掃消毒，容易藏污納垢，更是提供蟑螂老鼠橫行霸道的環境，因此必然病菌叢生；若是水道又為金屬製成，生鏽的金屬所釋放出的毒素，會使附近的土地或是地下水容易遭受污染。

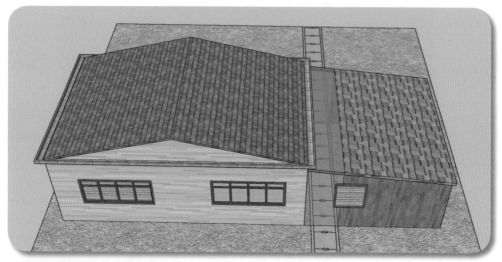

◎透過一些外觀的判斷，例如水溝直接對著住家隱沒（上圖），或是住家內部可以直接看到水溝蓋（下圖），便可知道是否有水從屋中流的問題。

水從屋中流的化解方式

要化解「水從屋中流」，最主要的方式就是改建，也就是改建回原本的樣貌，讓加蓋的部分退出溝渠所在的位置，就能徹底化解水從屋中流的問題。

另一種方式就是如果溝渠屬於廢棄多年，不會再使用，則可以用拆除或回填的方式，讓原本「水道」的形象消失，那麼自然就沒有水從屋中流的問題存在。但切忌將原本有在使用的水道直接封掉，因為水路的存在必有其必要性，如果將使用中的水道封掉，除非另闢正確的導流水道，否則可能會造成水流溢流，或新建物地基受水導致下陷或強度降低等複雜而危險的問題。

◎將加蓋部分改建，避開溝渠，是最佳的化解方式。

如果暫時沒有改建的預算，或是屬於難以改建的位置（例如水流通過房屋正中央），或是溝渠本身屬於無法拆除或回填者，則可以在家中水流出去的位置，依照「北斗七星—天樞、天璇、天璣、天權、玉衡、開陽和瑤光」的形狀，擺放7枚五帝錢所排列成的「杓子」，將原本要流走的財水「舀回來」，除了可收化解漏財之效外，更可進一步達到重新「聚財」的效果。使用此法時不一定要看得到水流，只要確定房屋底下水流的位置與流向即可。

◎狀況嚴重且難以改建的「水從屋下流」，建議使用「北斗七星」進行化解。

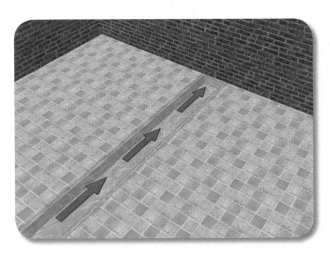

◎若住家內部有水流經過，在確認水流位置與流向的狀況下（上圖），可以在屋內
　水流的去向擺放五帝錢組成的「北斗七星」，可以化解漏財的問題並重新聚財。

水溝正對且水流朝向房屋

房屋外牆有水溝正對著住家相接時，縱使未從房屋下方流過，在風水上也會形成影響，若是水流是對著屋子的方向，民俗上認為容易導致血光、破財的情形出現。

以科學的觀點來看，水溝是穢物聚集之處，若水流正對住家方向而流，則因為水壓日夜衝擊的關係，穢水比較容易滲入屋中，對健康造成不好的影響。

另外同樣是因為水流直沖的關係，比較容易造成住家地基有滲水的問題，長期下來對房屋結構與穩定也有不良的影響。而且水溝越寬、流量越大，影響也越快。

◎水溝正對住家，視流向可能造成住家容易有血光或漏財的問題。

水溝正對且水流背向房屋

住家房屋外有水溝正對，但水流是背向住家流走時，因為民俗上認為「山管丁、水管財」，所以水往外流便象徵住家的「財水外流」，所以容易導致住家嚴重「漏財」的情形出現，而且水溝越寬，象徵漏財越凶。

以科學的觀點來看，水溝水流背向房屋與朝向房屋相比，雖然水流壓力的影響較小，但水的天性就是容易滲透細縫，因此長久下來積水依然可能會慢慢滲入屋中，對健康與居住環境品質、房屋地基與結構等都可能造成不好的影響。

◎房屋外有水溝，不管水流方向為何，都容易造成對居家環境品質與結構的影響。

水溝對住家位置不同，影響也不同

「水溝正對」的煞氣，除了水溝正對住家的流向不同，對住家的影響會有不同之外，另一個影響的因素是隨著水溝正對房屋的部分不同，影響也會有不同。

一、水溝正對住家建築物牆壁：當水溝正對住家「非」大門或「非」後門所在的區域，一般來說也就是牆壁時，在風水上來說影響較小。

以科學觀點來看，由於有牆壁的阻擋，水溝的濕氣與穢氣比較不容易隨風長驅直入，對住家環境與家人健康的影響因此會比較小。

二、水溝正對住家建築物出入門：相對於水溝正對住家建築物牆壁的情形，當水溝正對住家大門或後門時，在風水上來說各方面影響都會比較大。

以科學觀點來看，「大門或後門打開」的狀況下，水溝的濕氣與穢氣比較容易進入家中，對住家環境與家人健康造成一定程度的影響。

水溝的寬度，以及平均的流量越大，影響也就越大，而就算在雨下的較少的時節，水溝裡暫時沒有水流，基於風水上「有形就有煞」的原則，水溝正對的這個格局，對於住家還是會有一定的影響。

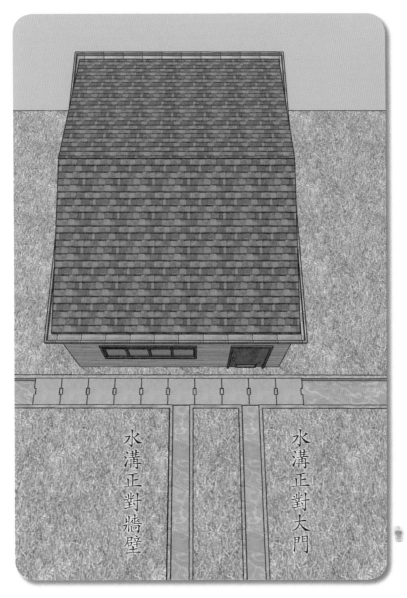

水溝正對牆壁

水溝正對大門

◎水溝正對牆壁時，對住家的影響較小。

　水溝正對大門時，對住家的影響較大。

桃花水：水溝以四正向正對住家

當水溝以「四正向」的角度正對住家建築物，除了原本水流向外流或向內流，以及對住家建築牆壁或大門的影響以外，在風水上還會附加額外的影響。當水溝從住家「四正向」，也就是東方、西方、南方、北方而來時，傳統民俗上稱做「桃花水」，對於住家的桃花運會有負面影響，例如可能會有感情上遇人不淑的問題。

要特別提醒讀者的是，此處「四正向」所指的範圍是15度，也就是東方（羅盤上的82.5-97.5度）、南方（羅盤上的172.5-187.5度）、西方（羅盤上的262.5-277.5度）、北方（羅盤上的352.5-7.5度）。

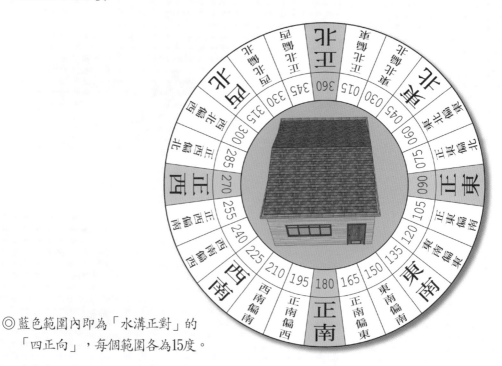

◎藍色範圍內即為「水溝正對」的「四正向」，每個範圍各為15度。

90

水溝正對的化解方式

「水溝正對」的化解方式，除了更動水溝的位置，使其不朝住家而來以外，另外也可以在住家面對水溝的地方，懸掛開過光的「乾坤太極圖」，以收「移山倒海」的效果，化解煞氣。要注意「乾坤太極圖」必須懸掛成傾斜的角度，向下面對水溝，才會產生較佳的效果。

然而如果房屋面對「水溝正對」的那一面，另外有面對像是壁刀、路沖等其他煞氣，則懸掛「乾坤太極圖」時就不需特別懸掛成傾斜的角度，依一般懸掛在外牆的方式即可，便能兼顧各種外在煞氣的化解。

◎水溝正對住家，可以使用「乾坤太極圖」傾斜面對水溝做化解。

平面道路形成的反弓煞

住家附近若是有彎曲的道路、河流、水溝或高架橋等經過，而且是位在圓弧的外面，由於這樣的形狀像一把拉滿的弓箭對著自己，因此稱作「反弓煞」。由平面道路所形成的反弓煞在風水上亦稱做「反弓路」。

「反弓路」容易使住戶前途受阻，發生做事不順、子孫好鬥的情形，也容易出現子孫叛逆、不好管教等，更嚴重時，甚至可能發生以下犯上的子孫不肖情形。

以科學觀點來看，因為「離心力」的關係，弓形道路若是有車輛打滑失控，便有可能直接撞進反弓方房屋。

打滑或煞車不靈或駕駛睡著

正常路線

◎反弓道路容易因為「離心力」的關係使得車輛出車禍。

92

高架道路形成的反弓煞

同樣是道路形成的反弓煞，高架道路比起平面道路更為嚴重，除了會造成原有平面道路的影響之外，高架道路本身由於架高的關係，還可能會附加兩種影響。

一、擋臉：由於高架道路的道路本體有一定厚度，當這個部分遮擋到道路沿途的非一樓住家時，從被遮蓋的住家望出去，景觀會有一定程度的遮擋，這樣的格局稱做「擋臉」，象徵住家的前途發展會受到一定程度的阻礙。

◎高架道路或捷運軌道產生的反弓煞可能會附加多種煞氣。

二、戴孝：當高架道路本體位在相對樓層的住家頭部位置時，就好像戴上頭帶，這在風水上稱做「戴孝」，住家容易出現血光之災，嚴重時甚至可能會有出現大型意外影響生命安全的狀況。

三、開門見柱：當住家正前方剛好是高架橋的橋墩時，在風水上便形成「開門見柱」的問題，住家可能會出現受傷、車禍、開刀或血光之災的問題。

以科學觀點來看，高架道路由於是專用道路，且沒有或幾乎沒有紅綠燈，因此行駛速度一定比較快，因此行駛噪音一定也比較高。對於道路附近住戶的影響通常也一定比較大。而對高度與高架橋相當的住戶來說，承受的噪音、空氣污染或光害一定也更加嚴重，對於生活品質與身心健康都會有一定程度的影響。而且越寬廣的道路，影響範圍也越廣。

◎高架道路越寬廣，影響的範圍也越大。

山坡地道路形成的反弓煞

山坡地道路所形成的反弓煞，除了原本反弓煞的共同影響之外，所造成的附加影響又跟平面道路與高架道路有不同，主要來說便是因為其所在地形所產生的特殊影響。

一、就上坡的車輛而言，因為必須維持高扭力與馬力以便順利爬坡前進，因此油門勢必踩得更深，引擎運轉噪音與產出的廢氣因此也會更嚴重。

二、就下坡的車輛而言，因為重力的影響因此速度會不自覺比平常更快，一來會有更加頻繁的煞車所可能造成的煞車聲或輪胎摩擦聲；二來因為速度容易過快不易控制，因此產生車禍意外的可能也會提高，險象環生。

◎山坡地道路形成的反弓煞，汽車的速度與噪音相較平面道路都會特別嚴重。

河流形成的反弓煞

住家附近若是有彎曲的河流、大水溝所形成的反弓煞，在風水上也稱作「反弓水」。歷來河流氾濫，也多半是從反弓的地方溢出，大型的反弓水所影響的範圍，甚至可能達到數公里之遠，大型水災的受災戶往往成百上千。因此「反弓水」是所有「反弓煞」的類型中影響較大的種類。

◎反弓水的影響範圍可能遍及數百公尺，在這範圍內的住家皆建議進行化解。

96

反弓煞的化解方式

反弓煞的化解方式是在住家面對反弓煞的地方，懸掛開過光的「乾坤太極圖」，以收「移山倒海」的效果化解煞氣。這類型的煞氣因為影響比較大，因此使用凸面鏡等小型制煞物品比較無法進行有效化解。如果是反弓道路也可以加掛大型凸面鏡，產生提醒駕駛人的作用。

◎圓環形道路屬於反弓煞的另一種形式，在圓環外的所有住家都可能受到影響。

玉帶環腰

住家位在圓弧形水道或道路的內側，在風水上稱作「玉帶環腰」，對住家的影響與位在外側的「反弓煞」截然不同，玉帶環腰在風水上主利前途，水道與道路若高度沒有問題，則對住家家運有極大的助益。

以科學觀點而言，位於「玉帶環腰」的房屋，由於形狀與「反弓煞」相反，因此在物理上剛好可以完全免除所有「反弓煞」會有的危險。另就視覺與聽覺上而言，由於可以免除車輛的燈光與噪音直衝，一般來說居住生活品質較佳，也較有安全感，精神狀況容易穩定，睡眠品質不易受影響。

◎在建築物林立的區域中，玉帶環腰與反弓道路通常會同時存在。

98

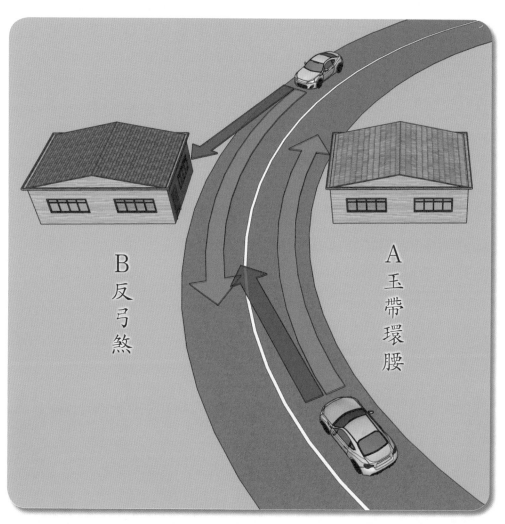

◎位處玉帶環腰的房屋（右邊A房屋）理論上可以免除所有位處反弓煞的房屋（左
　邊B房屋）可能遇到的危險，圖片中的「綠線」顯示了行車中的正常路線。而
　「紅線」則預測了行車中可能產生意外之偏移路線。

玉帶環腰的特殊情形

玉帶環腰雖然乍聽之下有百益而無一害，但如果是高架橋所形成的玉帶環腰，若位於住家頭部或上方的位置，則形同前面「高架道路形成的反弓煞」所提及的「擋臉」或「戴孝」，在風水上反而形成煞氣，容易導致血光之災出現。也就是說，任何高架橋、直線或任何弧度的無論內、外側，只要是在住家頭頂附近的位置，都可能形成「擋臉」或「戴孝」的問題。

以科學觀點來看，住家頭頂位置附近有高架橋，一來噪音直衝腦門，二來廢氣、落塵皆撲口鼻而來，三來日照被遮去大半，每天生活在陰影之中，久而久之自然容易生病或產生心理上的影響。遇此煞氣，可以在住家面對彎道之處，懸掛開過光的「乾坤太極圖」，化解煞氣。

◎戴孝對飯店、百貨公司等營業場所影響不大，但對住家來說影響生活非常大。

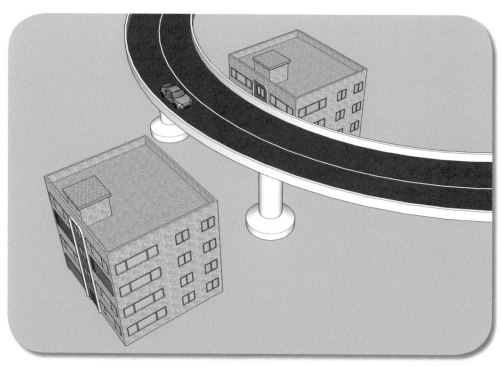

◎無論在高架橋內外側，噪音、廢氣、落塵都可能直衝住家。

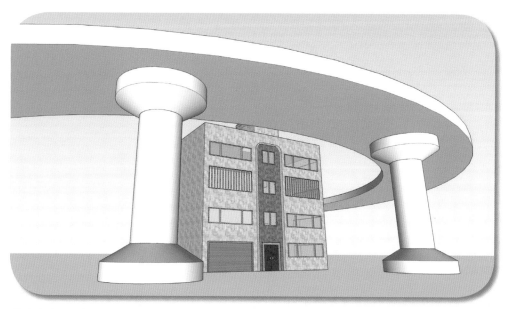

◎高架橋環繞頭頂宛如戴孝。但此煞氣不限於玉帶環腰，亦不限於弧形道路。

死水環繞（案例分享）

謝沅瑾老師曾經幫一位做進出口貿易的富商看過風水，他在十幾年的努力之後，用現金購買了一間高價社區中的高樓層住家，該社區的特徵就是整個社區以一條寬闊的人工「護城河」圍繞，除了看起來十分氣派以外，外人也不易進入，非常適合老婆與年幼的女兒白天在社區內遊玩。剛搬進去的幾個月可說意氣風發，富商邀遍了親朋好友，以及生意上的合作對象前來家中遊玩，看著大家讚嘆不已的表情，富商感覺多年來的辛苦都值得了。

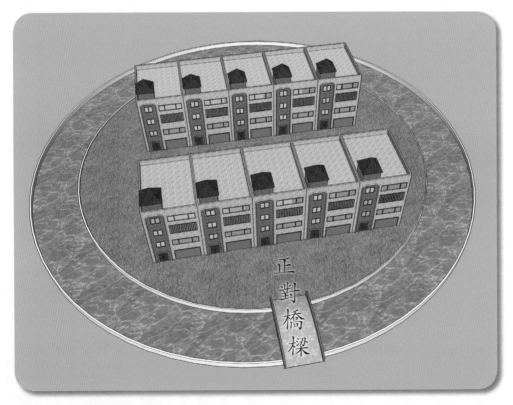

正對橋樑

◎被人工河流環繞的社區，除了有漏財問題之外，正對橋樑的住家更有大破財的問題。

然而就在幾個月的風光之後，富商有一次突然遇到進口商品整批被扣留的問題，原來是員工申報的時候出了錯，導致所有貨物被扣在海關，結果因此無法出貨給經銷商，造成重大違約，必須負擔高額賠償。

但偏偏富商當初買新房的時候，因為不想貸款，便把幾乎所有的現金都拿出來，導致現在公司缺乏足夠周轉金，在焦頭爛額之下，富商只好選擇把新買的房屋拿去抵押貸款，雖然解決了燃眉之急，但心情整個大壞。

最令人痛心的是，事後從海關將商品領回，已經是又過三個月的事，因為該商品具有流行性，等領出來時已經是「過季商品」，大多數通路都拒絕進貨，價格大跌，雖然無奈但也只能讓專收庫存貨的收購商以非常低的價格整批收走。

富商現在每天開車回家，遠遠看到自己那棟「豪宅」，就覺得心痛不已。他現在每天都在想辦法挖東牆補西牆，自己也不知道能撐多久，連老婆那邊他也都還不敢說。

直到有一天晚上他看到電視上謝沅瑾老師的風水節目，謝老師在節目上說到「並不是豪宅就一定沒有風水的問題，有時候問題可能比其他人都嚴重」。他聽到這句話宛如雷擊，隔天一到公司，其他事情先放著，馬上打電話給謝老師服務處，預約了看風水的事宜。

住家死水環繞，財運宛如一灘死水

謝沅瑾老師前來的那天，一到社區門口便搖搖頭，謝老師沒有馬上進去，而是先繞了社區一整圈後，又在樓下以羅盤量了方位，才到富商的住家裡看室內風水。

看完之後，謝老師跟富商說，他們家內部並沒有什麼太大的風水問題，問題全部出在社區的大賣點，也就是那條「護城河」上。

因為這種人造河流並沒有與真正的河流相接，因此並不是真正的「河」，在風水上來說基本上形同一條「死水」，而當這樣的人工河整個包住社區，便形成了「死水環繞」。「死水環繞」容易使得各種氣流，包括財氣無法進出，因而停滯，在風水上容易導致住戶有漏財的情形發生。

◎社區的人工河流如果沒有定期清理，很有可能會變成一條「臭水溝」（照片非故事中之社區）。

化解住家死水環繞，活絡財運

以科學觀點來看，這種人造河流就是同樣一圈水不斷地循環，長久下來容易堆積髒污，更別提有些人工河流因為省電的關係而根本沒流動，被污染的顏色或氣味，也就會帶來心理上或實際上的影響。

另外住家若是剛好正對到社區出入的橋樑的話，在風水上便會形成「大破財」的格局，容易讓該棟建築物的住戶產生嚴重的漏財情形。謝老師說到這看了富商一眼，富商不禁露出苦笑，他當初為了得到最好的景觀，便選擇了正對出入橋樑的位置，這正是他這麼快就出現嚴重漏財的原因。

謝老師跟富商說，「死水環繞」的化解方式是在面對死水的地方，懸掛開過光的「乾坤太極圖」，以收「移山倒海」的效果。另外謝老師也指導富商在家中財位的地方擺放招財物品例如聚寶盆，讓自己的正財運能獲得強化。

就在富商一切按照謝老師指示進行化解後，慢慢的公司營運方面逐漸又回復正軌。富商透過上次事件中認識的庫存貨收購商，認識了一個大客戶，那位大客戶知道富商曾經受過大挫折但沒有倒下，認為這樣的貿易商值得信賴，便開始與富商合作。雖然離貸款繳清還有很長的路要走，但富商心境整個開闊起來，除了跟老婆從頭到尾說明狀況以外，也競選擔任管委會主委，親自監督「護城河」，未來打算讓護城河能與外面的水路相通，使其不再成為「死水」。

壁刀

如果住家房屋的某一面正對另一棟房屋的側邊牆壁直切過來，就會產生「壁刀」的問題，在風水上容易導致血光之災，或是犯小人的問題。

以科學觀點來看，若有「壁刀」的狀況發生，風容易沿著牆壁面切入，形成區域性強風，造成屋子局部的風化現象，長久下來會對房屋結構產生破壞性的影響。

以日常生活觀點來看，剛好對到門口的「壁刀」，會讓屋主有時一開門就迎面吹到風，長久下來對身體健康產生影響。

◎都市中建築物林立，壁刀是最常見的煞氣之一。照片中右方的兩棟建築物共四把壁刀切到左方建築物。

106

再以心理學上的觀點來看，若是住家面對的「壁刀」是由對面較高的樓房所產生的，無形中也會帶來視覺上的壓迫感與沈重感，進而給人一定的心理壓力，長久下來容易影響住家的日常心情、注意力與判斷力等。

判斷「壁刀」嚴重程度的原則是牆壁越長，或是樓高越高或房子越多（壁刀數量越多），殺傷力越強。例如若住家對著的是一大排房屋的同一面牆壁，因為各家壁刀連接起來，情形就非常嚴重。

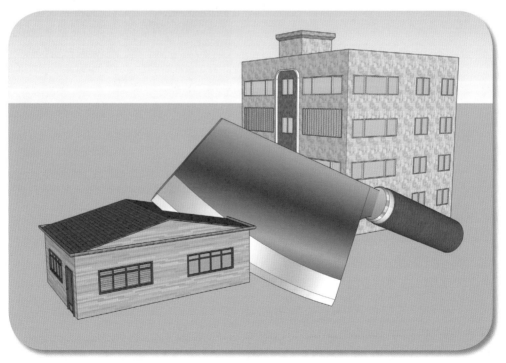

◎建築物形成的「壁刀」宛如一把刀對住家切下，可能對住家產生血光的影響。

壁刀之天斬煞

若住家剛好面對距離非常近（僅容單人勉強行走）的兩棟高樓間的細縫，所同時產生的「壁刀」，在殺傷力都很強的情況下，這種煞氣稱作「天斬煞」。

要注意此細縫必須非常緊密，如果兩棟大樓中間還帶有汽機車可以通行的路，並不能算是「天斬煞」，只能算是兩把壁刀，但雖然如此，此煞氣之殺傷力依舊是強大不可輕忽。

以科學的觀點來看，「天斬煞」產生的區域強風最強，有時甚至強到可以將人吹倒。而就是視覺來看，「天斬煞」所產生的視覺壓迫感，類似極窄峽谷所產生的「一線天」光景，會給人強大的視覺與心理壓力。

◎兩棟樓都十分高，距離又十分接近的狀況下，在風水上會成為殺傷力極強的「天斬煞」。

◎乍看彷彿天斬煞（上圖），但實際棟距相當寬，
　不屬於天斬煞（下圖），但仍有兩個壁刀

壁刀與天斬煞的化解方式

若住家遇到「壁刀」或「天斬煞」，民俗上建議在房屋正對「壁刀」或「天斬煞」的位置，懸掛開光過的「乾坤太極圖」，以收「移山倒海」的效果，化解煞氣。要注意高樓產生的「壁刀」跟「天斬煞」是比較強的煞氣，因此使用凸面鏡等小型制煞物品比較無法進行有效化解。

壁刀與天斬煞來向與可能發生問題		
左前斜沖	前方正沖	右前斜沖
主犯小人、血光之災	主犯血光之災	主犯小人、血光之災
左方正沖		右方正沖
主男性血光、犯小人	住家房屋	主女性血光、犯小人
左後斜沖	後方正沖	右後斜沖
主犯小人、血光之災	主犯血光之災、犯小人、健康	主犯小人、血光之災

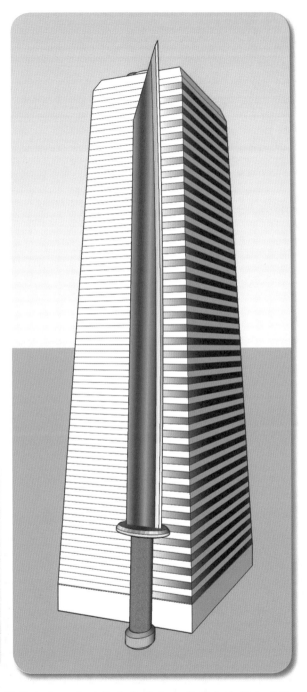

◎壁刀的威力是以產生壁刀的建築物高度、牆壁長度來決定，摩天大樓產生的壁
　刀，威力與影響範圍都遠勝一般樓房產生的壁刀。

住家若是被其他建築物的屋角對到，在風水上便會產生「屋角煞」，屋角煞容易導致臟器方面的問題。越尖銳的屋角除了對臟器產生的殺傷力越強以外，也更容易附加有「血光」與「開刀」的問題。從物理學的觀點來看，尖銳的屋角在人車意外碰撞的時候，跟平面的牆壁相比，本來就可能會產生更多的傷害。

以心理學觀點來看，垂直或尖銳的屋角對著房屋，對屋主而言視覺上容易產生不舒服的感覺，長期下來容易導致神經緊張、產生潛意識的不安全與不舒服感，長久下來容易影響判斷力、空間感等，增加日常生活出意外受傷的可能性。

從房屋使用的觀點來看，外表尖銳的屋角代表室內空間也有著同樣尖銳的牆角，在空間運用上可謂極其不便，而這多半是因為「有地就要蓋滿」的觀念造成的。

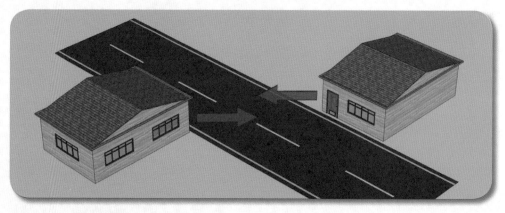

◎在住宅密集的環境中，經常出現兩間房屋互為「屋角」的格局。

112

屋角煞除了隨著屋角的角度不同，殺傷力也會不同以外，另外還會隨著「顏色」產生不同的殺傷效果。

小陳一家人自從幾年前搬到目前這個家後，家人經常生病，像是有一兩年的時間，全家腸胃一直出問題，他們將廚房進行大消毒，冰箱也全部徹底清潔過，時不時還是有腸胃的問題。

而過了兩三年，腸胃問題才開始獲得改善，竟然又出現呼吸系統的問題，同樣在那一兩年的時間，全家幾乎每個月都有人感冒，甚至出現呼吸道感染、肺炎等嚴重的狀況，經常半夜去醫院掛急診，那時連在家都必須掛口罩，晚餐也必須各自到房間吃，避免又互相傳染。

◎屋角的計算，以房屋交接的中心點為主。

屋角影響住家，因顏色有所區別

然而也就是在這次大感冒的期間，讓小陳發現了一個奇怪的巧合狀況，原來那時小陳的妹妹因為短期外派的關係，必須搬到外地去住，而就在那段期間，雖然小陳的妹妹一個月也都會回家一兩趟，但她卻完全沒有呼吸系統的問題。

「為什麼每次都是全家遇到一樣的問題？而且只要離開家就沒問題呢？」小陳心裡百思不得其解，就像他新交往的女朋友經常跟他出去玩，兩人也會一起吃東西，卻從來不會被他傳染。他問女朋友平常是不是有吃什麼營養品，他女朋友好奇為什麼他這樣問，他便說了家裡的狀況。女朋友安靜聽完以後沈思一下，突然問小陳：「你相信風水嗎？」

小陳呆了一下，他不知道為什麼突然提到這件事，他聽過風水，但具體上那是什麼並不清楚，只聽人家說過風水會影響住家的運勢。他進一步問了女朋友，女朋友說她們家好幾年前也有一些事情發生，後來是爸爸找了電視上很有名的風水老師來看過以後，慢慢開始改善，但細節她並不瞭解。

小陳聽了一頭霧水，他回家以後，把空氣清淨機打開後，想了一下便打開電腦開始上網查詢，一查才發現風水竟是如此奧妙，風水的好壞可能會影響各方面的運勢。他又查到一位「謝沅瑾老師」是台灣最知名的老師，心裡想著不如就直接請這位謝老師看看？繼而一想還是問問女朋友當初是請哪位老師好了，便傳訊問女朋友。

女朋友的回訊讓小陳又驚又喜，原來女朋友回家後就先問過爸爸，當初找的正是謝沅瑾老師。小陳一方面覺得真是太好了，找謝老師準沒錯，另一方面也覺得女朋友真貼心，讓他感動不已。

謝沅瑾老師來小陳家看過風水之後，發現小陳家對面房屋的屋角正對，這正是小陳家經常出現健康問題的主因，而且那屋角竟然是金色的，一般住家很少會用這麼強烈的顏色，他問陳先生認不認識那家人，陳先生說不太熟，只知道好像是位藝術家，時不時會將住家內外漆上各種顏色。

謝老師一聽心裡便明白了，便問說兩三年以前那屋角是不是黃色的，陳先生一聽大驚，因為正是這個顏色！

◎越高大或是距離越近的建築物「屋角」影響越強烈，照片中的建築物在風水上是屬於「白色屋角」。

決定屋角嚴重程度最重要的因素是角度

謝老師解釋說,「屋角」的顏色不同會影響不同臟器,像是金色會影響呼吸系統,而會影響腸胃的則是黃色系,謝老師還說因為藝術家用的顏色非常鮮豔,所以影響也會比較強烈,另外像是「屋角」的角度、距離、樓房高度、牆壁長度、屋角數量都會影響殺傷力的強弱,但總體來說仍是以「角度」的影響最大。

如果是L型或ㄥ型廣告看板,高度超過一層樓的話,同樣也會產生類似「角煞」的煞氣。這類廣告看板跟普通的屋角煞一樣,除了「屋角煞」的效果以外,通常還會同時形成兩片「壁刀」,有可能對附近的多棟房屋產生不一的影響。謝老師提醒陳先生,將來要隨時注意住家外面的變化。

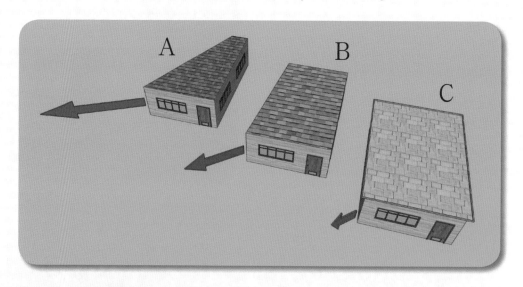

◎不同角度的屋角會產生不同的傷殺力,越尖銳的屋角殺傷力越強。圖中的三個建築物產生的「屋角」殺傷力,以A最強,B次之,C最弱。

化解屋角煞，全家恢復健康生活

謝老師跟陳先生說，民俗上「屋角」的化解方式是視「屋角」的嚴重性，如果是較不嚴重的屋角，懸掛「凸面鏡」即可，但陳先生家面對的屋角可說是比較嚴重的，因此民俗上會建議懸掛「乾坤太極圖」或是「泰山石敢當」來化解或是阻擋煞氣。

自從化解了屋角與其他風水問題之後，陳家的健康與呼吸系統問題在一兩個月內完全消失，全家又可以在一起吃飯。

小陳也趁此機會跟家人介紹新女朋友，陳先生跟陳太太聽完事情經過也非常開心且感動，還告訴小陳一定要找時間正式邀請她來－－起吃飯！

◎大型戶外看板可能會四周建築物造成「壁刀」與「角煞」的問題。

◎把地蓋滿的房屋易出現尖銳屋角，需使用乾坤太極圖或泰山石敢當化解。

◎修圓過的屋角影響力較小。

屋角顏色與可能影響臟器

屋角顏色或材質	五行屬性	影響臟器
黑色系、灰色系、藍色系、水泥原色	水	腎臟、排泄系統
白色系、銀色系、金色系、玻璃、金屬	金	肺臟、呼吸系統
綠色系、木頭原色	木	肝臟、神經系統
紅色系、紫色系、磚頭原色	火	心臟、循環系統
黃色系、泥土牆	土	脾臟、淋巴系統

◎住家如果同時對到多重巨大的屋角，容易造成較強殺傷力。

飛簷煞

廟宇類的建築物，或是仿古建築物，其屋簷轉角處會做出弧度並上揚勾起，建築上稱為「飛簷」，而若被此類屋簷對到，在風水上便形成了煞氣。

被「飛簷」對到的住家，在風水上容易發生血光之災，而且若飛簷的勾越尖越長、弧度越大，或距離越近、數量越多，產生的殺傷力也就越強。

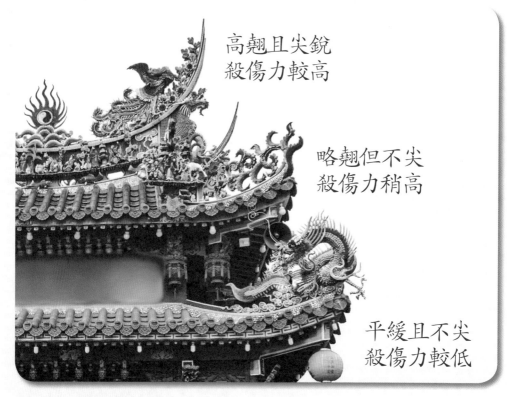

高翹且尖銳
殺傷力較高

略翹但不尖
殺傷力稍高

平緩且不尖
殺傷力較低

◎飛簷角度越翹，或是末端造型越尖銳，殺傷力也就越強。

飛簷煞的化解方式

「飛簷煞」的化解方式，是在房屋被「飛簷煞」尖端對到的位置，或是住家房屋的該面牆懸掛開過光的「乾坤太極圖」，同時也可以化解可能會與飛簷煞同時產生的「屋角煞」或者是「屋脊煞」。

◎從住家望出去看到可能出現的飛簷煞，建議住家外確認是否確實有被對到。

獸頭煞

飛簷上若是有動物的雕塑，無論是只有頭或是整個身體，在風水上都會形成「獸頭煞」，被對到的屋主容易「犯小人」，或是出現「漏財」的情形。

以殺傷力來說，凶猛的獸類像是獅、虎的殺傷力最高，鹿、牛等溫馴的獸類影響次之，而傳統的瑞獸，例如龍、麒麟的殺傷力最小。要注意如果是仙人、仙女等人物類的雕塑在風水上較不具有影響力。

「獸頭煞」不一定只出現在屋簷，單獨的獸頭也可能造成煞氣，事實上在風水上，只要形似獸頭的山水、建築，都會造成相對應的效果。

獸頭煞的化解方式

「獸頭煞」的化解方式，是在房屋看的見「獸頭煞」的位置懸掛開過光的「乾坤太極圖」來進行化解。若是一樓的住戶也可以考慮單獨或同時擺放「泰山石敢當」，同樣可以達成化解的功用。

◎猛獸類的雕塑影響力較強。

◎龍、麒麟等瑞獸殺傷力較小。

◎仙人類的雕塑一般對住家較不具影響力。

火形煞

住家附近建築物若是有三個以上的連續紅色尖型屋頂，而且從家裡看過去剛好產生類似火的圖形，在風水上便稱作「火形煞」，容易導致住家發生火災。

以科學的觀點來看，「紅色」與「尖形」都是容易使人不安的元素，長期下來容易導致心裡不安定，做事不專心，就有可能在用火時發生危險。

另一種可能出現火形煞的狀況是摩天大樓的頂端有紅色尖形或是具有光線反射能力的尖形，遠看有如火炬，此時也容易出現「火形煞」的形象。

◎住家面對連續紅色屋頂，視覺上容易使人心神不寧。

火形煞的化解方式

火形煞的化解方式是在屋中看得見煞氣的地方，懸掛開過光的「乾坤太極圖」，便可加以化解。

另外在住家內部面對「火形煞」擺放魚缸也可以化解，但要注意魚缸的水流方向要避免朝向屋外或是門口，否則形同「財水外流」，容易導致漏財。

此外在2023年以前，魚缸本身也不能擺放在屋子的東北方與西方，可能容易招致住家「大破財」的局面。

◎像火把或火焰般，且頂端容易反光的建築物，風水上也算是火形煞。

反光煞（案例分享）

住家對面的建築物等物體，要是有大面積的像玻璃、金屬等會反光的建材，而且一天中有超過四小時的時間將反光投射到家中的話，在風水上便形成「反光煞」，容易造成住家有火災，以及血光意外等問題。

謝沅瑾老師曾看過一個案例，委託人住的是三十年的老公寓，有一年附近的華廈進行都更，蓋成了二十層的大樓，原本歷經兩年多的拆除跟興建的噪音、震動、灰塵干擾，以為終於可以回復正常日子，沒想到新的問題又浮現。

◎若屋內光線過於強烈，容易讓人讓人分心、耗神。（本圖為模擬）

126

反光煞干擾，心浮氣躁險些引發火災

原來新蓋的大樓因為強調採光的關係，採用了大片的玻璃，而且為了顧及住戶隱私，使用的是反光玻璃，外觀看起來很漂亮，但卻造成了委託人家生活上的問題，那就是每天過了下午一點左右開始，陽光就會透過玻璃反射到住家內部，一直到傍晚才會漸漸消失。

由於大樓剛落成的時候剛好是冬天，天氣冷加上那年冬天陽光少，影響不大，一開始還沒有特別注意，過了春天開始熱起來以後，就發現在反射的陽光下，住家後半邊像是廚房、廁所跟後陽台等區域會變得非常燠熱，而且斜射進來的光線非常刺眼，令人感到非常不舒服。

◎反光煞容易讓家中環境變的又熱又刺眼，需盡快加以化解以免造成干擾（照片非故事中之大樓）。

委託人身為家庭主婦，每天長時間待在家裡，由於家務繁忙，也不能天氣一變熱就離開家裡，因此必須常常耐著高溫與刺眼的光線處理家務或準備晚餐，偶爾陰天或下雨的時候才能喘一口氣。

久而久之，委託人一到天氣熱時就會開始心浮氣躁，只想趕快處理完畢趕快離開。終於有一次由於急著離開廚房，忘記瓦斯爐沒關，一鍋燉菜煮到燒焦冒煙，幸好家中有裝煙霧警報器，趕緊衝到廚房把火關了，才沒釀成大禍。

過沒幾天委託人數年未見面的朋友來訪，她一來就非常驚訝家中的情形，趕緊跟委託人說可能會有火災的問題，委託人聽了非常訝異，因為她並沒有跟任何人說過廚房燒焦冒煙的事，追問之下，原來她朋友一直有在看謝沅瑾老師的書與節目，因此一看就覺得是「反光煞」，她還跟委託人說，她今天也是第一次看到實際的「反光煞」是如此嚴重。

她朋友轉述謝老師的說法，以科學觀點來看，刺眼反光所造成的強烈明暗差異，容易讓人分心而無法專心，若是照到眼睛，也容易讓人看不清楚；若是夏天，也容易有燠熱感。另外，反光若是剛好對進臥室的話，也會讓一些需要晚上工作的人白天睡不好覺，導致工作時精神不濟，意外便容易發生。因此建議委託人趕快加以化解。

由於委託人的朋友也曾找過謝老師來家中看風水，日子改善許多，因此也推薦她找謝沅瑾老師，一次化解家中的風水問題。委託人一聽便馬上要了謝老師辦公室的電話。

化解反光煞，生活重歸平靜

謝沅瑾老師在看過委託人的房子之後，除了點出家中各種風水問題外，針對委託人最在意的「反光煞」的化解方式，建議在住家面對反光建築物的地方，懸掛開過光的「乾坤太極圖」，以「移山倒海」的效果化解煞氣。另外也要在住家面對反光煞的部分，進行一些遮光的處理，像是懸掛窗簾、百葉窗，或是貼上不反光的隔熱紙，都能改善居家環境，避免受到光線持續影響。

委託人便跟老公商量了這件事，沒想到老公十分貼心，除了把後陽台的窗戶都貼上隔熱紙以外，還加裝了百葉窗，甚至還請人在廚房裝了分離式冷氣，讓委託人從此不再受到對面大樓光線與熱氣的干擾。

經此改造之後，委託人心情過不久就恢復平靜，她非常感謝謝沅瑾老師，還有介紹謝老師給她的那位朋友！

◎玻璃帷幕大樓容易產生反光煞，不論平面、曲面都有可能強烈反射陽光。

小人探頭

從住家任何一面望出去，要是可以看到對面建築物的上緣露出其後方不同棟之建築物的一部份，包括樓本體、混凝土水塔、樓梯間或是頂樓加蓋，而且這部分接近正方形或正圓形，則在風水上就犯了「小人探頭」的問題。

「小人探頭」顧名思義，就是容易導致住戶出現「犯小人」的問題，依照情況嚴重的程度，會產生不同的影響。輕者就是身邊容易有內賊、吃裡扒外、洩漏機密等；嚴重者住家容易遭小偷，甚至是遭強盜侵入，或是在外頭遭到搶劫，被陷害、栽贓、嫁禍等問題。

◎小人探頭可能會讓住家遇到小人，圖中白色建築宛如有兩人竊竊私語，密謀不軌。

影響小人探頭殺傷力的因素

一、小人的高度:「小人探頭」為形煞的一種,自然會隨著「形狀、形勢」的不同,而有不同的殺傷力。一般來說,依觀看角度不同,分成「仰視」、「平視」與「俯視」三種,分別具有不一樣的殺傷力。

例如在家中需要仰頭張望才能看到的小人,稱做「仰視小人」,此時可以想像為宛如小人高高在上,具有優越的地位與立場,因此產生的殺傷力最強,基於同樣的道理,「平視小人」次之,「俯視小人」因為宛如住家低頭看著小人,暗示住家地位與立場高於小人,代表殺傷力較輕微。

◎小人探頭屬於「形煞」,圖中包含各種高度與造型之小人,有些可說栩栩如生。

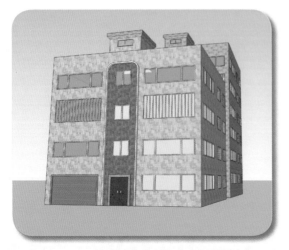

◎仰視小人，影響力最強。

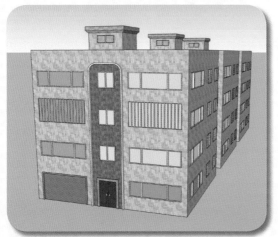

◎平視小人，影響力中等。

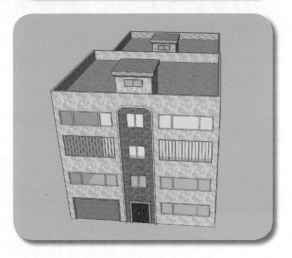

◎俯視小人，影響力較弱。

二、小人的造型：屬於「形煞」的「小人探頭」依照其造型也有殺傷力的分別，也就是建築物的造型越接近「人頭」的感覺的話，殺傷力就越強。

舉例而言，一般像是屋頂、集水槽（代表頭髮）、窗戶、冷氣孔（代表眼睛）、花台、控制箱、照明燈等突出物（代表耳朵或嘴巴）等，都能強化「小人」的真實感，也連帶強化了「小人探頭」的殺傷力。

由於「小人探頭」屬於「形煞」，以科學觀點來看，「小人探頭」容易讓人在潛意識中產生「有人在偷看」的錯覺，導致潛意識中不安穩，使得心神不定、敏感易怒，影響人際關係，小人自然容易趁隙而入。

再以心理學來看，越像人臉的建築物，越容易讓人聯想到真實的人，有時候不經意往外一看時，可能會一瞬間真的以為有人在窺探，造成驚嚇或過度聯想。

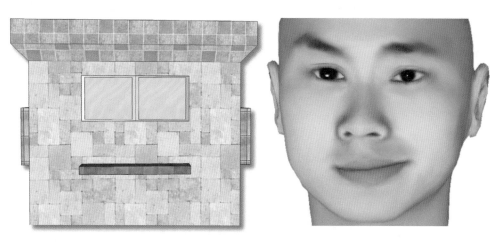

◎建築物體的附件越多，形象上會越有可能與「小人」越相似。

小人探頭的化解方式

若住家附近有「小人探頭」的情形，化解的方式是在面對小人的地方，懸掛開過光或過香火、貼紅紙的「鏡子」、「凸面鏡」，或是「乾坤太極圖」，其目的都是取「反射光線，讓小人眼睛睜不開」的含意。

另外也可以採用民俗上的「尿遁法」，也就是在住家大門或主臥室門後面，放置以容器裝盛500毫升的尿液，至少每個月更換一次，就可以避免「小人」的情形。要注意尿液必須與空氣接觸，不能完全密封住，所以可以使用開口小的保特瓶盛裝，避免尿味過度溢散的問題。

◎使用貼紅紙的凸面鏡可化解小人。

◎尿遁法可以化解各式犯小人煞氣。

「尿遁法」的擺放位置則要視住戶狀況而定，若只是日常預防小人，可以放在臥室門後面即可。但若家中曾遭小偷甚至強盜，或是感覺目前自身的處境較為危急，身邊明顯出現小人，則擺放在大門後會比較適合。然而為避免誤解，在擺放及隱藏上需要多花費心思。

「尿遁法」的擺放週期雖可長達一個月，但如果遇到尿液很快變黑變髒，甚至長蟲的情形時，就要注意這可能是暗示小人狀況較為嚴重，此時可增加更換頻率。

「尿遁法」也可以化解住家因為其他煞氣所遭遇的「犯小人」問題，像是住家後方與斜向「路沖」，或是住家面對「獸頭煞」所產生的「犯小人」情形。

◎住家後方有巷子直沖，除了容易有血光之外，也暗示住戶身邊容易出現小人。

官帽

從住家望出去，要是可以看到對面建築物的上緣露出其後方之建築物的一部分，而且這部分近似「凸」形，在風水上就形成了「官帽」。是屬於風水中「形煞」的一種，因為官帽形似古代官場的烏紗帽，所以有見官之象。

風水上認為「官帽」會讓住戶容易「見官」，但由於「見官」對不同職業的人來說，會有不同的影響，因此可能是好事，也可能是壞事，性質較為特殊，需分成兩個方面探討，就是對相關或非相關人員的影響。

一、官帽對相關人員的影響：「官帽」對於從事公家機關的工作，包括公務員、軍人、警察等，或是法院相關工作像是法官、檢察官、律師等而言，通常會產生正面的影響。

對從事這類工作的人而言，見官是很正常的事，所以「官帽」對他們而言，通常不容易產生「官司」的問題，反而可能因為高官見多了，反而加快「升官速度」。

二、官帽對非相關人員的影響：非公職人員一般在日常生活中並沒有「見官」的必要，所以一旦需要見官，通常就代表上警局或法院，也就是會容易發生「官司纏身」的情形。一般來說，輕微的狀況包括出庭作證，或是簡易裁判等，而嚴重時可能會有「官司重重」的長年糾纏現象，因此官帽對住戶來說，有時是麻煩的代表。

官帽的高度與影響力的關係

「官帽探頭」依所看到的角度不同，還分成「仰視」、「平視」與「俯視」三種，其中「仰視官帽」最嚴重，「平視官帽」次之，而「俯視官帽」則比較輕微。

在一些比較複雜的狀況中，例如一個家中若同時有軍警人員與普通上班族，則需看官帽是從哪裡看見，例如只能從軍警人員的房間看見，則對此軍警人員有幫助。若只能從上班族房中看見，則對上班族恐有負面影響，而若是從公共空間例如客廳、走廊看到，則影響以房屋的主人為主，依主人的身份不同，造成的影響就會有所不同。

◎官帽屬於「形煞」，圖中五棟建築物全都是官帽，若是一般住家容易遇到官司問題。

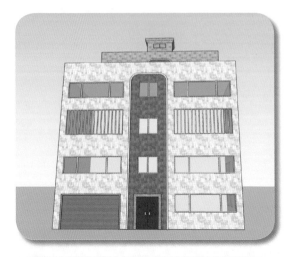

◎仰視官帽，影響力較強。
　若屬於助力，也較強。

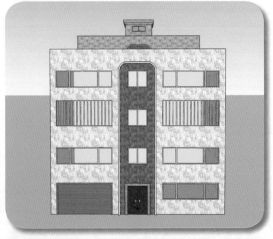

◎平視官帽，影響力中等。
　若屬於助力，則中等。

◎俯視官帽，影響力較弱。
　若屬於助力，則較弱。

官帽與小人連鎖效應與化解

隨著時代進步，建築物越蓋越多，競相爭高，原本的高樓可能沒過兩年，就馬上被新的大樓超越過去，因此「官帽」與「小人」的發生也越來越普遍。

以科學觀點來看，建築物越來越多，代表人口越來越聚集，而人多本來就比較容易因各種問題導致摩擦、衝突與糾紛，也就容易發生「犯小人」與「官司」。

若是一間房屋同時出現「小人探頭」與「官帽」，就有可能發生連鎖效應，例如因為被小人陷害而被告，或是因為小偷強盜案而必須報警，甚至上法庭指認。要化解「官帽」，可以使用開過光的「乾坤太極圖」，或是「尿遁法」，都可以化解類似的問題。

◎官帽容易造成官司問題（左圖），合併小人探頭的話可能引起連鎖反應（右圖）。

四風煞（案例分享）

住家本身建築物結構上若是有 J 形、U 形、C 形甚至 G 形的缺角，且住家剛好位在缺口的部分，在風水上來說便形成了「四風煞」，這樣的煞氣容易導致住戶有血光、睡眠品質不好、或是精神系統方面的影響。

許先生跟老婆剛帶兒子從家具家電賣場回來，今年兒子要讀國小了，他們也照之前計畫要讓他擁有自己的房間，扣除搬家過來時就已經擺好的床，他們還需要買新的書桌椅跟書櫃，還有電器等，今天一併買齊。

許先生跟太太趁週末把房間整理清潔好，週日晚上就跟兒子說晚安，各自回自己的房間睡。沒想到才過兩三個小時，兒子就哭著敲房門說要進來一起睡。

◎四風煞容易造成風聲迴旋，放大噪音產生驚嚇，影響睡眠品質。若是位於馬路邊也容易造成噪音迴盪。

許太太一開始還以為兒子不習慣，就讓他進來一起睡。沒想到接下來好幾天都發生一樣的事，而且兒子白天精神明顯變差，食慾也變差，原本情緒穩定的他，現在很容易動不動就鬧脾氣或放聲大哭。一到晚上接近睡覺時間就更嚴重，之後幾天甚至直接說他不想進去房間。

許先生跟太太討論了一下，兒子從小並不是那麼黏爸媽的人，當初跟他說會有自己房間的時候他也很期待，為什麼開始住了卻變這樣。其實回想起來，許先生跟太太自從婚後搬進這個新家以後，一直以來也不算是睡得很好。兩人討論半天沒有結果，因為還有兩個月才開學，決定暫時先讓兒子繼續睡新房間適應看看。

沒想到兒子的狀況只有更加嚴重，終於有一次早上在上廁所的時候不小心滑倒，頭撞到洗手槽，許太太趕緊將他送到醫院檢查，幸好只有外傷，並無大礙。許太太突然想到什麼，於是問了掛號櫃臺想要檢查睡眠障礙，不料預約人數爆滿，許太太只好先帶兒子回家療養。

她回家哄兒子睡午覺以後，打電話給同樣已經有小孩的大學同學，一開始只是閒話家常，聊了一陣終於下定決心把近況跟同學一五一十的說出。她同學聽了十分吃驚，一方面安慰許太太，一方面也提出許多建議，許太太一邊聽一邊回覆，其實很多如何讓小孩獨立的作法，她也都照著做過了，但都沒用。最後她同學突然說：「要不要看個風水？」

凹風煞鬼風傷精神

透過同學的介紹，許太太請了謝沅瑾老師到家中看風水，謝老師到了小孩的新房間一看，問說誰睡這間，許太太說這是兒子的房間，謝老師便說：「他應該睡眠品質不太好。」

許先生跟太太大吃一驚，為了怕小孩干擾，已經預先將他送到外婆家，然而謝老師竟然知道小孩的狀況，他們趕緊問老師為什麼。

謝老師跟他們說，因為兒子的新房間剛好位在大樓建築物凹進去的部分，從科學的觀點來看，風容易在凹形的部分摩擦或迴旋而發出聲音，會對屋中的住戶造成干擾，尤其是半夜更容易造成驚嚇，或是疑神疑鬼的情況發生，長久下來住戶便容易產生精神上的毛病。

◎建築物的凹入處如果非常寬廣，其實對住戶並不會造成太大的影響。

◎ J形（上圖）、C/G形（下左）或U形（下右）建築物產生的小凹槽，都可能造成風的迴旋，形成凹風煞。

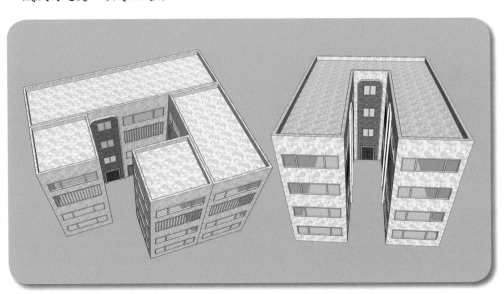

化解凹風煞，一覺到天亮

謝老師進一步說明，這也就是民俗上所說的「好風聚財氣，鬼風傷精神」。尤其他們家凹的部分只有一扇窗的寬度，可說非常的窄，風的迴旋會更加密集，聲音也更尖銳，影響就更大。如果凹形的部分很大，例如有一整戶的長度寬度，那麼一般來說並不會有什麼影響。

許先生跟太太趕緊問謝老師該怎麼化解，謝老師說凹風煞雖然在風水理論上，是建議運用改建的方式將凹槽或缺角部分補齊，但因為工程浩大，難以實行。因此便建議可在住家外牆凹槽的位置，懸掛開過光的「乾坤太極圖」，以收「移山倒海」的效果，這是將無形的煞氣影響化解。另外針對有形的聲音部分，也必須改裝隔音窗，加裝窗簾，降低因凹風煞所產生的風聲傳入房間所造成的影響。

◎凹風煞凹入部分如果牆面有凸出的花台或冷氣等物件，可能會影響風聲更為尖銳。

144

許先生此時進一步請教謝老師，自從他們搬進這間房屋後，雖然並不是睡在靠窗那間，但卻也感覺睡眠品質沒有以前好，這又是什麼原因。

謝老師回答，這是因為凹風煞如果是位於沒有人住的房間外，則容易影響全家人，特別是主人，就像許先生他們剛搬來時的狀況。而後來兒子成為「房間的主人」，因此影響自然是集中在他身上。

許先生聽了恍然大悟，等送走謝老師後，便趕緊打電話約師傅來安裝氣密窗，同時也請師傅安排了可以擺放乾坤太極圖的位置，打算一次將影響全家人睡眠的煞氣都化解。

◎住家若遇到凹風煞問題，除化解之外應同時加裝氣密窗，消弭風的聲音產生的影響。

墓碑煞

有些建築物屋頂的造型很像墓碑的形狀，若是從住家可以望見這類建築物，稱做「墓碑煞」。墓碑煞的影響包括住戶身體健康不佳，容易生怪病、甚至身上出現腫瘤，或是出外容易遇到車禍、血光、意外。

墓碑煞的另一個影響，就是可能使住家遇到怪事，例如家中物品不見又出現，或是家中出現怪現象，像是不明人影或聲音，又或是家裡經常感到溫度較低。

從科學觀點來看，住戶每天都看見形似墓碑的物品，久而久之容易影響精神狀態，自然身體也會受到影響。化解方式是在住家看得見墓碑煞的那一面，懸掛開過光的「乾坤太極圖」，化解墓碑煞對住家磁場的影響。

◎墓碑煞屬於形煞，住戶每天看墓碑之形，心理壓力沈重，精神與身體都會受影響。

◎社區型建築產生的墓碑煞建築遠看宛如墓碑林立，十分驚悚。

◎棺材或墓碑的形象在大多時候都會讓人感到懼怕。

棺材煞

無論是屋頂，或是附屬建築物，住家在家中往外看，若能看見狀似棺材的建築物，在風水上稱作「棺材煞」。棺材煞的影響同樣包括住戶身體健康受到影響，容易生怪病、甚至腫瘤，或是出外容易遇到車禍、血光、意外，或是在住家容易發生怪事或看見怪現象的情形。

與墓碑煞不同的部分是，對於看得到「棺材」的住家，還容易發生跳樓自殺的可能。另外，棺材煞除了讓看到的住家受到影響外，若是在這類建築物裡面居住或活動，同樣也會受到影響，通常是身體健康容易受到影響。

◎圓弧形屋頂長形建築物很容易產生「棺材」形象，而且造型越像，影響越大。

148

◎棺材煞的數量越多，影響也就越大。

宛如墓穴的棺材煞

一般房子在興建的時候都會先打地基，因此便會在地面上挖出類似墓穴的長方形坑洞，若是從屋中望出去可以看到這類的坑洞，在風水上也形成了「棺材煞」，同樣會容易導致不好的事情發生。

◎興建建築物的挖地基時期，容易形成宛如墓穴的棺材煞。

150

墓碑煞與棺材煞產生的心理作用

從科學觀點來看，墓碑與棺材的存在與使用由來已久，它的形狀、功用早已深植人心，除了少數視棺材為財富與地位象徵的地區外，這樣的形象在大多時候都是容易讓人感到恐懼並加以迴避的，因此如果住家容易看到類似造型，潛意識裡容易產生聯想並引發不安感，長久下來容易導致精神衰弱，身體就會比較容易生病。

以靈學的角度來看，精神衰弱代表精神力下降，當精神力下降時，靈體不論善意或惡意，都比較容易接近，此時住家自然比較容易遇到奇怪的事情。

◎墓碑煞令觀看者容易聯想到墓碑。

墓碑煞與棺材煞的化解方式

對於看得到墓碑煞或是棺材煞的住家，可以在面對煞氣的地方，懸掛開過光的「乾坤太極圖」或「山海鎮」進行化解。而對於在棺材狀建築物裡的人，由於無法使用「乾坤太極圖」，則需在建築物中懸掛開過光的葫蘆，以葫蘆能夠「吸附病氣」的效果來化解可能的健康危機。

墓地、墳場與亂葬崗的化解方式

住家距離墓地、墳場與亂葬崗很近或是很容易看到時，由於磁場的影響，在風水上也容易造成住家容易生怪病或發生怪事、作怪夢的問題。

然而在風水上來說，並不建議使用「八卦鏡」、「白虎鏡」或「乾坤太極圖」等物品化解，因為一般而言好兄弟並不會特地來打擾住家，但懸掛這些東西在屋外，對好兄弟而言有時是具有「挑釁」的意味，而且也有可能「誤傷」好兄弟，此時住家很有可能未蒙其利、反受其害。

風水上建議在床頭懸掛開過光的葫蘆，因為葫蘆具有「收妖」的功能，掛在床頭代表只會針對已經「侵入」屋內的好兄弟進行「防禦」，對於睡覺時幾乎沒有防備能力的住家來說，是很適合的化解方式。

◎針對墓地這類場所使用八卦鏡，有可能反而會產生反效果。

◎針對墓地使用葫蘆等「防禦性」物品，是較好的選擇。葫蘆對於住在「棺材煞」裡面的住戶，也能產生吸附病氣的效果，化解健康的問題。

屋脊煞（案例分享）

謝沅瑾老師二十年前曾在看過一個案例，身為委託人的江先生從小住在一間四層樓的透天厝，工作穩定之後便跟女友求婚。兩人在考慮婚後新居時，江先生的父母有提到頂樓沒有人使用，目前是拿來當作堆放一些雜物的地方，看要不要整理一下，拿來當新居使用，一家人住一起也熱鬧。

江先生本身是想搬出去住，不過既然父母提出了，便詢問了未婚妻的意見，未婚妻雖然也想要兩人世界，但考量到目前兩人的收入，無論是買屋或租屋都是不算小的負擔，便跟江先生商量，先住個幾年，等以後有能力時便搬出去。江先生也認同這個提議，兩人便擇日結婚了。

◎新舊建物混和搭蓋時就有可能造成屋脊正對（照片非案例中住家）。

154

沒想到婚後幾個月，兩人身體健康都慢慢開始出問題，江先生跟太太都出現了血壓過高的狀況，尤其以江先生特別嚴重，兩人鎮日為此所苦，經常為此請假無法上班，而且總是出現看完醫生的幾天內狀況改善，但沒隔幾天又復發的狀況，原本想要生小孩的計畫也因此延後。

江先生的父母非常苦惱，因為江先生的爸爸也一直有高血壓的問題，但兒子婚前並沒有這個問題，但好像一結婚就開始發生。終於有一天江先生的父母詢問江先生，是否接受風水老師來家裡看風水，江先生一聽滿臉疑惑，風水？為什麼會出現這個選項？

◎裝飾性的屋脊雖然短，但仍舊會造成「屋脊正對」的影響。

屋脊煞直沖，健康受影響

原來當初江先生結婚的時候，江先生的父母依照了朋友的建議，請了知名的謝沅瑾老師合八字看日子，當時就覺得這位老師非常親切值得信賴，看著兒子跟媳婦這幾個月來一直受苦，便想到也許可以請謝老師來看一下。

謝老師來的那天，在屋外用羅盤量了座向，接著又抬頭看了外牆一會，接著才進門看住家內外格局風水。看完風水後，謝老師跟江先生一家說了近來健康不佳的原因。原來江家隔壁的三層樓透天厝頂樓有加蓋，加蓋的部分屋脊直接正對江家四樓。而住家隔壁若是有斜屋頂的建築物，而且其屋脊剛好對著或甚至直接黏在住家建築物的本體上，在風水上容易造成屋主發生內臟的問題，而且屋脊越長，所造成的影響越大。

而且屋脊的顏色不同，影響的臟器也不同，像是江家遇到的屋脊是紅色，影響的就是心臟循環系統，也就是高血壓的由來。而之前因為四樓被當作儲藏室，所以影響以主人也就是江先生的爸爸為主，而從江先生與太太搬至四樓以後，影響就以他們兩人為主。

謝老師又說，基本上屋脊正對是以「男左女右」的方式傷人，也就是從住家內往住家正前方看的左右手邊，以江家來說屋脊正對的是左手邊，這也就是為什麼江先生跟他父親特別嚴重的原因，嚴重時甚至可能早亡！

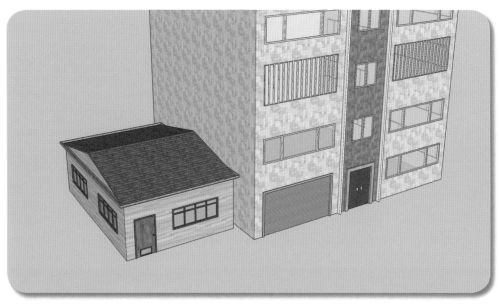

◎屋脊正對宛如一根巨大的巨杵直接往住家身上撞過來。

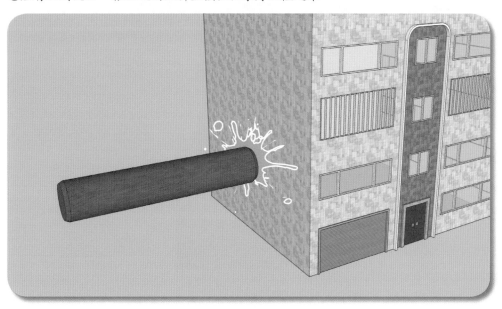

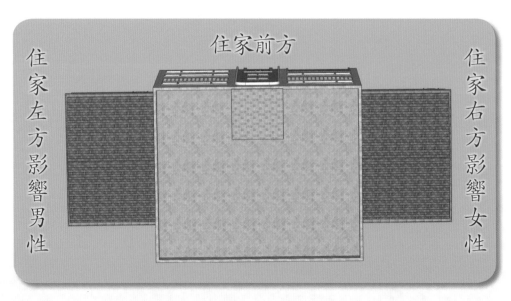

住家前方

住家左方影響男性

住家右方影響女性

◎屋脊正對對住家的影響以「男左女右」為判斷標準，從住家內部往屋前看，屋脊在左手邊，主要影響為男性，屋脊在右手邊，主要影響為女性。

屋脊顏色與可能影響臟器

屋脊顏色或材質	五行屬性	影響臟器
黑色系、灰色系、藍色系	水	腎臟、排泄系統
白色系、銀色系、金色系、玻璃、金屬	金	肺臟、呼吸系統
綠色系、木頭原色	木	肝臟、神經系統
紅色系、紫色系	火	心臟、循環系統
黃色系	土	脾臟、淋巴系統

使用36枚五帝錢化解屋脊煞

江先生一家人聽了感到非常擔心，趕緊向謝老師請教化解的方法，謝老師說一般如果屋脊正對牆壁，但沒有直接黏在牆壁上，可以在屋外正對的地方懸掛「乾坤太極圖」，以「移山倒海」的方式化解即可。

但因為江先生的鄰居將屋脊直接緊貼江家的牆壁，因此便建議江先生在住家牆壁內側接屋脊的地方，將36枚五帝錢縫在黃布上，再貼在牆上對應屋脊的位置，便可增加屋子氣場化煞。如果屋脊雖然沒有相黏，但因為沒有窗戶而無法懸掛乾坤太極圖，亦可用此法化解。

◎屋脊緊貼的情況往往在增建或新舊交替的地方出現。

化解屋脊煞，全家恢復健康

自從江先生依照謝老師指示，使用36枚五帝錢化解屋脊煞之後，繼續依照醫師指示服藥及檢查，在數月之內江先生全家的高血壓狀況都開始明顯改善，工作也恢復正常。

江先生跟太太商量好，打算隔年便生小孩，並在白天上班時請阿公阿媽照顧。將來若小孩長大，有更多的空間需求時，再來研究是否要搬出去。而且到時候，一定還要請謝沅瑾老師來幫新家看風水！

◎在古代，人們會盡量蓋一樣高度的房子，避免屋脊煞互相影響。

屋脊正對
室內化解方式：
36枚五帝錢
的排列方式

圖畫遮蓋→黃布縫五帝錢→貼在牆上

◎民俗上建議的36枚五帝錢正確擺放方式。

住家面對停車場出入口

住家若面對停車場出入口，在風水上容易造成漏財、血光與意外，也容易使家中有人氣不聚、家運衰退的情形。古代風水認為，住家對於屋前有可隱藏的空間（例如山洞），容易產生安全性的疑慮（例如可能有野獸隨時竄出，造成對生命財產的威脅），另外就是最基本的人心對黑暗陰影的恐懼，都容易造成潛意識中心理上的不安定。

而從氣場的觀點來看，洞穴、洞窟前的風容易恣意流動，並受到洞穴地形的影響產生亂流，使得居住環境的風不安定。風水強調的是「藏風納氣」、「氣流穩定流動」的房屋才會聚財，而氣場流動不穩定的房屋，則容易使得財氣不易聚集，造成住家容易有漏財的狀況發生。

從科學觀點來看，面對停車場出入口，車輛從停車場出來時，乍看之下就像是要迎面撞上來，潛意識裡容易造成影響，尤其是一到晚上，車頭燈更是一輛接一輛直接往家裡投射，無論是吃飯、聊天、睡覺等都容易受到打擾或中斷，日子一久便可能導致精神不安定，做事不專心，或是容易做出錯誤的判斷和決定，無形中增加了漏財的機會。更別提若是真的有駕駛不小心煞車不及直接撞上住家，那麼對住家的各種影響可說是難以估計。

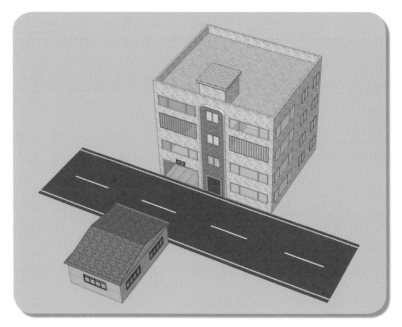

◎住家面對停車場出入口在風水上容易漏財。

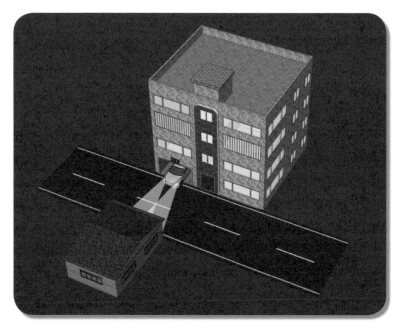

◎夜間車輛出入時容易造成吵鬧，住戶也可能受到驚嚇。

車道坡度與殺傷力成正比

在風水上，「面對坡道向下」的格局便類似「開門向下」的格局，坡度越陡代表氣流流動越快，暗示住家漏財的狀況越嚴重，也容易遭受較大的意外。

從科學角度來看，坡道越陡，出停車場上坡時汽車的油門自然容易踩的越深，一旦出了停車場，路面突然轉為水平，萬一發生油門來不及收或煞車來不及踩時，車速很容易就過快，便容易導致驚嚇，甚至是直接撞進住家的狀況發生。

此外由於坡度越陡，視線也越差，也越有可能造成一出停車場就跟車輛或行人發生碰撞。而坡道越緩的車道，發生意外的可能性自然就越低。

面對停車場出入口的化解方式

住家面對停車場出入口的化解方式，是在住家面對停車場的該面牆上，懸掛「乾坤太極圖」，以「移山倒海」的方式進行化解。要注意民俗上建議懸掛時必須配合停車場車道的坡度來擺放，也就是傾斜45度角面對車道出入口，此時便能收到最大的效果。但若是住家該面有面對其他外部煞氣，則仍舊以正常方式懸掛即可。

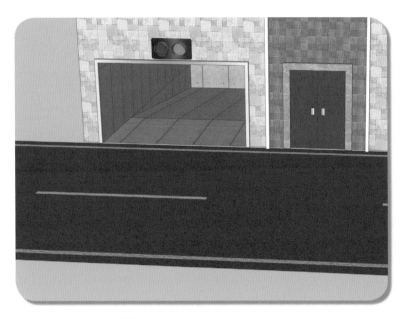

◎車道坡度直接影響出車道時的油門深淺、視角。

　上圖的坡度較下圖淺，相對之下比較不易出事。

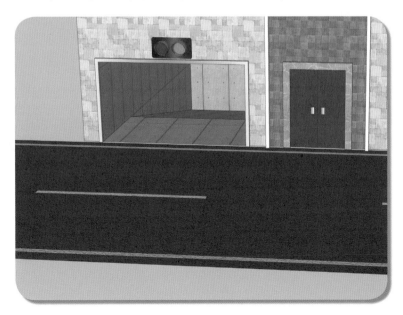

◎車道坡度直接影響出車道時的油門深淺、視角。上圖的坡度較下圖淺，油門較好
控制，視線也較為寬闊不易受阻。相對之下出停車場時比較不易出事。

◎跟立體停車場（上圖）相比，地下停車場（下圖）出停車場時必須踩較大的油門，同時視線也容易受阻，因此較容易產生危險狀況。

龍高虎低（左高右低）

風水上從住家向正前方看時，左手邊稱做「龍邊」，右手邊稱做「虎邊」。因此如果房屋左側對山坡往上，地勢上是左高右低，在風水上稱作「龍高虎低」。「龍高虎低」最原本的定義是指「外在環境」的左高右低。

「龍高虎低」的住家因為「龍邊較強，虎邊較弱」的關係，容易發生「大欺小」的事情，例如被長官、上司欺壓，或是被強勢的鄰居故意找麻煩。此外家中本身也會出現長輩欺負晚輩，或是較為強勢的親戚欺負較為弱勢的親戚等。

另外由於民俗上認為「男左女右」，因此左高右低的「龍高虎低」容易導致住家「旺男不旺女」。這樣格局的家中多為男性掌權，女性較為弱勢，而且運勢一般而言會較差。

◎左高右低（龍高虎低）的格局容易出現大欺小的問題。

虎低

龍高

龍高

虎低

◎兩個左高右低（龍高虎低）的格局範例。

龍長虎短（左長右短）

另一種「龍邊較強，虎邊較弱」的狀況發生在三合院、大樓蓋成缺口朝向正面的ㄇ型，或是建築物的左側緊鄰著天橋或大樓的情形，這是「本身結構」的「左長右短」。

整排透天厝的建案中，如果住家位於整排建築偏右方末端的位置，因為左方有整排建築物的關係，在民俗上也被認做是「左長右短」，民俗上稱做「龍長虎短」。

「龍長虎短」的影響跟「龍高虎低」相同，也就是容易發生「大欺小」的事情，或是家中女性較為弱勢，或是家中不容易有女性後代。

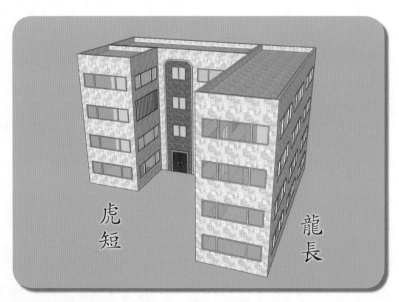

虎短

龍長

◎ㄇ型大樓左長右短造成「龍長虎短」的格局。

龍長

虎短

◎天橋從建築物左方伸出造成「龍長虎短」的格局。

住家左方長

住家右方短

住家前方

◎照片中整排建築物末端紅色招牌的住家，出現「龍長虎短」的情形。

虎高龍低（右高左低）

住家所處地勢若是右邊高而左邊低，因為民俗上「右邊為虎邊，左邊為龍邊」，則這個「右高左低」的格局在民俗上被稱做「虎高龍低」。傳統風水上認為因為「白虎發威」的關係，此煞氣主意外及血光之災。

同時因為民俗上認為「男左女右」，「虎高龍低」的格局容易導致「旺女不旺男」，家中可能有女性掌權的狀況，或是一直生出女孩子的情形，相對來說男性的運勢會較低，家中女性較容易有比較好的發展。

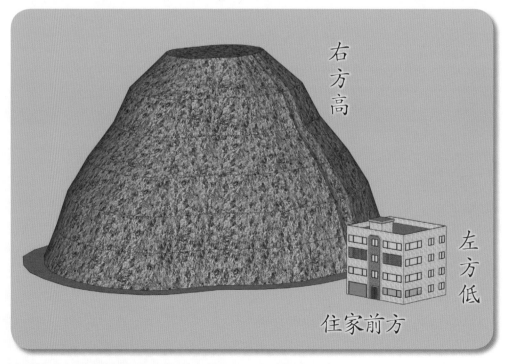

右方高

左方低

住家前方

◎左高右低（龍高虎低）的格局容易出現大欺小的問題。

◎兩個右高左低（虎高龍低）的格局範例。

虎長龍短（右長左短）

而「右長左短」的「虎邊較強，龍邊較弱」的狀況則同樣容易發生在三合院、大樓蓋成缺口朝向正面的ㄇ型，或是建築物的右側緊鄰著天橋或大樓的情形，這種「本身結構」的「右長左短」在民俗上便稱做「虎長龍短」。

如果住家位於整排建築偏左方末端的位置，因為右方有整排建築物的關係，在民俗上也被認做是「虎長龍短」。

「虎長龍短」的影響跟「虎高龍低」相同，住家容易發生血光意外之事，同時家中女性較為強勢，男性相對弱勢，或是男性發展不易，或是家中不容易有男性後代。

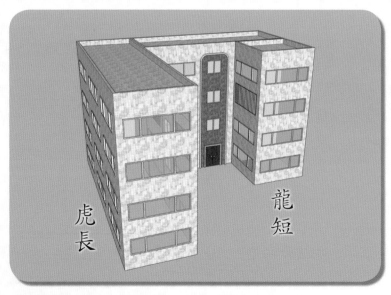

◎ㄇ型大樓右長左短造成「虎長龍短」的格局。

◎整排公寓的右方末端住家容易遇到「虎長龍短」的格局。

◎照片中整排建築物末端的住家，出現「虎長龍短」的情形。

龍虎高低長短的化解方式

住家「左高右低」、「左長右短」或是「右高左低」、「右長左短」的化解方式，是在「短」的那一側，放上三隻相應的銅製雕塑，將對應的氣場補足即可化解。

例如「龍低」、「龍短」時，便在住家左側放上三隻「銅龍」補足龍邊氣場。而「虎低」、「虎短」時，便在右側放上三隻「銅麒麟」補足虎邊氣場。

至於為何是用麒麟化解而不是用相對應的老虎，那是因為民俗上老虎是凶猛的動物，放在家裡可能會導致不好的事情發生，因而使用瑞獸麒麟來替代。

◎住家若位於山坡、丘陵地等處，則經常會遇到龍高虎低或虎高龍低之狀況。

龍長虎短
使用銅麒麟化解

虎長龍短
使用銅龍化解

龍長虎短

虎長龍短

◎整排的透天厝，最邊邊的住家易有龍虎高低之問題。

　此時針對右方末端「龍長虎短」之住戶，可使用三隻銅麒麟化解（如下圖左）。

　而針對左方末端「虎長龍短」之住戶，可使用三隻銅龍化解（如下圖右）。

住家前高

住家若有位於山腳下，正面面對山坡往上的情形，在風水上稱作「前高」。「前高」暗示前方有阻礙，住家容易遇到「家運衰退」、「前有阻礙」的情形。而傾斜程度越大，影響也越嚴重。從輕微的路面向住家方向傾斜，到最嚴重的前方是山壁，都會對住家造成影響。例如住家雖位於大平原，但正面是個地形上的高度提昇，也算是前高的一種。

以科學觀點來看，前高的地形多半是在丘陵與山區地帶才會發生，位於這類地形區域，若是下大雨的話，很容易導致雨水、土石等由山上沖刷到家門口，甚至造成大門被堵住，難以逃生的情況。

◎住家「前高」容易導致家運衰退。

◎透過觀察建築物側面牆壁，可以看出是否有前高後低的情形，以及其程度。

住家後低

住家後方若屬於地形上的往下傾斜，例如山坡地或河道，或甚至是垂直往下，例如懸崖、或是大排水溝等，在風水上都稱做「後低」，暗示「後方無靠」，住家容易遇到「家運衰退」、「孤立無援」的情形。有些住家後方為大水池或游泳池，雖然看起來是個平面，但實際上以地形來說是往下傾斜的格局，因此這樣的格局仍舊是屬於「後低」格局。

以科學觀點來看，住家後方傾斜而下，在大雨或地震過後，可能出現地基鬆動導致住家下滑的危險狀況。平時也可能在潛意識中產生後方無靠的錯覺，影響日常工作。

◎住家後低的格局，容易造成住家「家運衰退」、「孤立無援」。

◎住家後方若有游泳池或大水池，水滿時乍看雖是平面，但水乾時就可看出實際上是屬於地形「後低」的情形。

住家前高後低

相較於「前高」、「後低」更容易導致住家「家運衰退」的風水格局，自然就是兩者同時出現的「前高後低」了。

住家遇到此種地形，容易出現嚴重「家運衰退」、前方「困難重重」、「後方無靠」、「孤立無援」的情況，做事不僅容易遇到阻礙，還可能遇到無人出手幫忙的困局。

「前高後低」的傾斜程度越大，影響也越嚴重。如果前高、後低的情況都很嚴重時，建議住家儘速考慮進行化解。

◎住家同時有前高、後低的格局時，容易造成住家嚴重「家運衰退」。

◎住家前方為山坡，後門懸空而開，落差約兩層樓，不僅有「前
　高後低」的問題，實際生活上更容易產生意外摔落的危機。

住家前高後低的化解方式

住家遇到「前高」的化解方式，是在住家發生問題的那一面，正對山坡懸掛開過光的「乾坤太極圖」，以收「移山倒海」的效果，化解「家運衰退」、「前有阻礙」的問題。

針對住家「後低」的部分，民俗上的化解方式則是在住家後方屋內的牆腳，平均擺放36枚五帝錢，藉由五帝錢強化氣場的能力，化解住家「後低」時氣場流失導致的「家運衰退」、「後方無靠」的問題。

而若是住家同時遇到「前高後低」的問題時，除了針對前後同時進行化解以外，也要隨時注意住家的整體地形環境的變化，隨時做好可能出現問題的防範。

◎一棟面對山壁而建造的建築物，同時有前高後低、左高右低的問題。

◎屋前馬路高於住家建築物達一層樓之高的「前高」。

◎36枚五帝錢平均擺放在住家後方屋內牆腳，加強住家後方氣場，化解問題。

背後有靠

住家後方若是有地形上的高起，例如山坡地、丘陵、山岳
等，由於形勢上宛如住家的靠山，因此在風水上便稱做「背
後有靠」。顧名思義，這樣的格局就好像住家穩固地坐在一
個有靠背的椅子上，能讓住家做事各方面都容易有人支援與
撐腰，對住家運勢能帶來正面的助益。

以科學觀點來看，後方有靠的格局，由於形勢穩固，若有風
雨時，後方的地形也能消滅部分的威力，比較不易從屋後襲
來，因此住戶在心理上容易有比較大的安全感，平常工作、
休息都容易比較安心。

◎「背後有靠」格局範例，後方丘陵地距離住家有一定距離，產生屏障效果。

但要注意背後的「靠山」離住家要有一定的距離，不能離住家太近，也不能離住家太遠。太近的距離容易產生一些負面效應，例如山上的一些蛇蟲鼠蟻蚊與濕氣都容易入侵住家，使住家不勝其擾。若遇到大風雨，有山洪暴發或是土石流時，距離太近也容易身陷其中，造成對生命財產的威脅。

◎「背後有靠」不良範例，後陽台直接貼著後方山壁，濕氣與蟲蟻容易入侵。

背後有靠與無靠的區別

另一方面來說，如果後方靠山距離過遠，則「背後有靠」的效果將會打折扣，背後幫助的貴人若有似無。以科學觀點來看，距離過遠，則地形的屏障功能將會減弱。

一般來說這個距離要看山的高度而定，如果是數百或上千公尺的山，則數百甚至數千公尺內的住家都會在其屏障的範圍內。而若是幾十公尺的小丘陵，則範圍就不會太廣。

以現代建築技術來說，有些高樓甚至會比附近的丘陵還要高，此時屏障的效果就會受到影響。如果單獨一棟高樓遠高過其他建築物或地形，在風水上也會對運勢有影響。

◎後方的丘陵地距離住家有一定距離，且植被非常漂亮，稱為「有情山」。

要特別注意的是，住家後方若是平坦寬廣的地面，在一定距離之內沒有地形上的高起，並不叫「後方無靠」。這個格局在風水上一般來說也沒有特別的影響。

風水上的「後方無靠」指的是住家後方地形往下傾斜，或者是下坡，或者是直直下落的懸崖，或者是住家後方有陷落的坑洞、山谷，或是大型的河道、水溝，或是人造的水池、游泳池等狀況時，方能稱做「後方無靠」。此時需使用36枚五帝錢，化解「家運衰退」的問題。

◎住家後方為廣闊的平原而沒有地形高起，在風水上不算是「後方無靠」。

無情山（案例分享）

謝老師曾經看過一間位於山腳的別墅，委託人除了努力經營自身事業以外，也經常配合政府政策進行投資，另外還抽空到大學參加進修課程，認識了許多學識豐富的教授，贊助或參與他們的研究計畫，經由介紹也得到許多優秀的年輕人才，是一位在產官學方面都有良好關係的企業家。

然而從幾年前開始，一開始是一些熟悉的人脈先後被調離原本的職位，接任者自然有著自己的人脈。另外也出現了一些關於該企業的負面訊息，有的是子虛烏有，但有的卻是真的，使得一些注重名聲的學者延緩或終止合作計畫。

◎陡峭山坡容易出現山崩。在風水上這種草木不生的山，又稱為「無情山」。

企業家雖然大刀闊斧，聘請各方專家針對各方面進行補救或止血，但他心裡知道，實際的問題可能比眼睛能看到的還嚴重，因此便邀請了在風水命理界享有卓越名聲的謝沅瑾老師到自己名下所有公司、工廠與住家看風水。

謝沅瑾老師在看過所有的風水之後，發現大部分的住家或工廠、辦公室都沒有很大的問題，畢竟企業家本身本來就是謝沅瑾老師的粉絲，有著一定程度的風水正確觀念與涵養，因此當初都有照著風水理論來設計建造。那麼可以在短短幾年間讓企業家的基業幾乎要翻覆的煞氣，究竟為何？

◎無論是陽宅或陰宅，在風水上都講究背後有靠。

謝沅瑾老師認定最大的問題應該是出自於企業家目前居住的住家，也就是一開始提及的山腳的別墅，那個地方的環境出現了一個巨大的煞氣。

這個煞氣來自數年前的一場風災，經過那場風災肆虐數晝夜之後，企業家別墅後方的山勢起了很大的變化，嚴重的山崩與土石流讓整個山的植被消失了三分之二，目前看上去整個都是光禿禿的黃土表面，其上還覆蓋有避免再次山崩或落石的防護網，整個看上去美景不再。

謝沅瑾老師跟企業家說，住家後方有地形上的高起，在風水上便產生了「後方有靠」的效果。也就是說企業家別墅後方的那座山，原本產生的是事業與人脈的正面助益；然而如果住家後方的山坡地或丘陵不再是漂亮的綠色植被，而變成大部分是岩石砂土露出的原貌，在風水上稱做「無情山」。因為在風水上，植物代表「山龍的鱗片」，植被剝落代表山龍受傷。在風水上反而容易造成住家「家運衰退」。

從科學觀點來看，黃土露出代表該山坡水土保持不佳，植被的抓地力不夠，一旦下雨或地震，就比較會造成雨水、土石沖刷而下，甚至是山坡走位、土石流或山崩，出現住家生命財產受到威脅的嚴重後果。

住家若遇到後方有「無情山」的問題，民俗上的化解方式則是在住家後方屋內的牆腳，平均擺放36枚五帝錢，藉由五帝錢強化氣場的能力，提昇住家氣場與整體運勢，化解「無情山」帶來的「家運衰退」問題。

經過謝沅瑾老師的風水化解，以及企業家本身針對旗下企業各層面的整理整頓之後，一些出現問題的人事物都獲得了調整改善，企業的規模慢慢又開始成長，他將謝沅瑾老師視作恩同再造，跟謝老師更成為了很好的朋友！

◎原本「背後有靠」的形勢，可能會因為過度開發或自然災害的關係，一夕之間轉變為影響運勢的嚴重煞氣。

淋頭水

房屋若是背山而建，一般說來可以得到「背後有靠」的正面助益，但房子後方如果是山壁，要注意兩點。

第一是不能陡峭、接近垂直；第二是不能離房子太近，這樣在安全上才不會受到影響。若是兩者兼有，也就是住家背對幾近垂直的峭壁，在風水上便成為「淋頭水」，反而容易對住家造成「家運衰退」的負面影響。

在房子建設的過程中，要以不開鑿山壁為主，在風水上來說，開鑿山壁可能會傷到龍脈。就像我們人受傷，例如皮膚表面的傷口、或是瘀青等，基本上是沒有大礙的。

但如果在房子建設的過程中，它是從根部去開鑿，例如挖開山壁，挖破水脈等，就像是從骨頭上把皮肉都削去，對龍脈來說就像被嚴重割傷，甚至血管、骨頭被切斷一樣，對地氣是會有負面影響的。

從科學觀點來看，如果住家太接近峭壁，下雨時會承受由山上直直落下、力道極大的水流或是沙土石礫，久而久之建築物會容易損壞，甚至可能直接掩埋房屋，導致屋毀人亡。

另一方面，堆積在屋頂的沙土裡難免會有一些枯葉斷枝或昆蟲動物的屍體、糞便，經過日曬雨淋腐化後，容易滋生蚊蠅病菌，間接威脅到住戶的健康。

194

淋頭水的化解方式

「淋頭水」的化解方式是在屋前、屋後皆擺放乾坤太極圖作化解，如果屋後緊貼山壁，則需在屋前擺放，但這樣的房屋格局在風水上可說相當不佳，最好盡快作調整。例如搬遷或將之改成沒有住人的倉庫。

◎住家後方太過接近峭壁，下雨時會承受由山上直直落下、力道極大的水流或是沙土石礫，久而久之建築物會容易損壞。

房屋左右皆有高樓

房屋左右兩側的建築物若高過住
家建築一倍或以上的高度，在風
水上容易導致「家運不興」、
「運勢不開」或「財運受阻」。

若左方建築物過高，稱做「龍高
虎低」，若右方建築物過高，稱
做「虎高龍低」（關於這兩種煞
氣的詳細解說與化解方式，請參
考本書相關章節）。

高度相差過大（例如高過二倍甚
至以上時），甚至有血光之災的
可能。近來新大樓林立，偶有見
到兩棟數十層大樓之間為一層或
兩層之建築，對運勢影響極大。
且住的樓層越低，影響就越大。

◎房屋左右的建築物雖然只有高不
　到一倍，仍然會產生一定程度的
　負面影響。

以科學觀點來看，房屋兩旁建築
物皆高過自宅甚多，除了影響住
家的視野與採光以外，從外觀上
看來，感覺自家住宅會比較矮小
黯淡，潛意識裡可能會影響屋主
的自信心與上進心。

◎左右大樓高度與影響運勢程度成正比,上圖影響較大,下圖影響則較小。

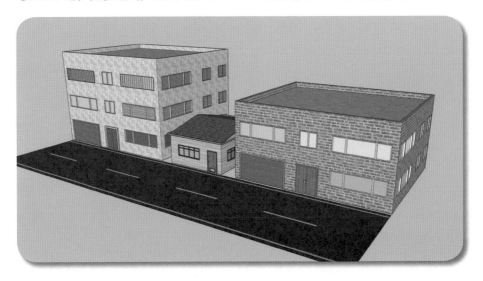

房屋左右皆有高樓的化解方式

若是緊貼隔壁的建築在左方，代表「龍高虎低」，可以在住家右方擺放三隻銅麒麟做化解。如果是在住家右方則代表「虎高龍低」，則可以住家左方擺放三隻銅龍做化解。如果兩側都有，則除了同時擺放銅龍與銅麒麟以外，還需在住家沿四邊擺放36枚五帝錢，強化整間屋子的氣場。

然而若是兩棟建築物之間有足夠的空間，則可以直接懸掛「乾坤太極圖」來化解煞氣。

要提醒讀者的是，如果跟隔壁建築物距離太近時，要注意鏡面制煞物品的反光是否會影響鄰居生活，以避免日後可能造成的問題。

◎左右後方都有高樓的格局。

◎左右後方都有高樓的格局，容易導致低矮的建築家運衰退。

房屋前方有高樓

房屋前方、後方或前後方皆有高於住家一倍以上高度的建築物時，依照情形不同會產生各種影響。

若住家前方有高樓，除了容易產生類似「前高後低」的煞氣，導致住家「運勢受阻」以外（關於這種煞氣的詳細解說與化解方式，請參考本書相關章節）。

同時因為大樓垂直壁面的特性，因此也會產生類似「出門碰壁」的效果，同樣影響運勢與前途發展。

住家與所面對大樓的高度落差越大，越容易受人欺負而抬不起頭。同時如果住家所在樓層越低，受到的各種影響也越大。

◎前方有高樓容易有壓迫感而受到影響。

200

對面高樓

住家

◎住家與對面高樓高度落差越大，受到的影響也越大。

房屋後方有高樓

房屋後方有高樓，如果高度相差在一倍之內，且有一定的相隔距離（例如隔有一條馬路），在風水上會產生「背後有靠」的正面助益，對於住家的家運跟貴人運將有幫助。

然而如果位於住家後方的高樓，高度為住家建築物的兩倍或以上，且十分貼近住家（僅有防火巷或直接緊貼），則在風水上容易產生類似「淋頭水」的煞氣，容易對住家產生「家運衰退」的負面效果。

以科學觀點來看，住家居住其中時，潛意識中會感受到一定程度的壓力，同時也會擔心是否有東西從上方落下，造成損傷。

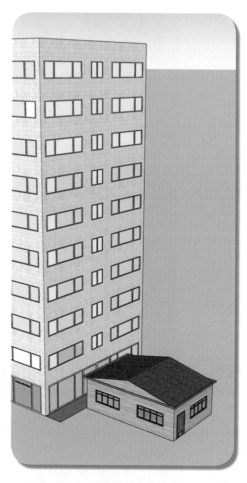

◎後方有高樓且緊貼，易致前途受阻。

◎住家後方建築物緊貼且高度超過三倍以上，對運勢影響極大。

房屋前後方皆有高樓

房屋前後皆有高樓，且高度皆高過住家建築一倍以上的高度時，就好像被前後夾住，難以施展，在風水上稱做「夾煞」。此格局在風水上最為不利，容易導致住戶家運不興與前途運勢不開，財運容易受阻。

以科學的觀點來看，房屋四周建築物高過自宅甚多，會導致視野受阻，壓力變大，長期下來會使心情鬱悶，間接導致容易不耐煩，或是心胸狹窄的狀況發生。

以實際生活觀點來看，前後建築物皆高於本身住家且貼近，可能導致日照或通風受阻，人在家中感覺也不夠隱私，而且因為前後相夾，負面影響可說是加倍。

◎前後方皆有高樓，前途運勢不易開。

204

前後方有高樓的影響與化解方式

前後方高樓分布	代表意義及影響	化解方式
只有前方有高樓	出門碰壁 事業受阻 易致家運衰退	距離兩線道以上：在住家前方懸掛乾坤太極圖 距離一線道以下：在住家內側牆面擺放36枚五帝錢
只有後方有高樓 且緊貼住家建築物 或只有防火巷	易致前途受阻 工作壓力大 整體家運衰退	在住家後方內側牆面擺放36枚五帝錢
前後方皆有高樓 與後方建築物距離 在四線道之內	前途運勢不易開 財運容易受阻 整體家運衰退	若有一線道以上距離：懸掛「乾坤太極圖」 若距離低於一線道或緊貼：在家中內側牆面擺放36枚五帝錢。

玩藝 0083

謝沅瑾最專業的開運居家風水
如何選出好房子的36招

格局解析＋場景實勘＋3D圖解，教你找好房、住好宅、化屋煞，家旺運好，財庫滿滿！

作　　者／謝沅瑾

人物攝影／高政全

書籍製作／歐秉瑾

封面設計／花樂樂

責任編輯／施穎芳

責任企劃／汪婷婷

謝沅瑾最專業的開運居家風水.3：如何選出好房子的36招 / 謝沅瑾著. -- 初版. -- 臺北市：時報文化, 2019.06
　　面；　　公分. -- (玩藝；VIS0083)
ISBN 978-957-13-7828-2(平裝)

1.相宅

294.1　　　108008121

總 編 輯—周湘琦

董 事 長—趙政岷

出 版 者—時報文化出版企業股份有限公司

　　　　108019台北市和平西路三段240號2樓

　　　　發行專線—(02)2306-6842

　　　　讀者服務專線—0800-231-705　(02)2304-7103

　　　　讀者服務傳真—(02)2304-6858

　　　　郵撥—19344724時報文化出版公司

　　　　信箱—10899臺北華江橋郵局第99信箱

時報悅讀網—http://www.readingtimes.com.tw

電子郵件信箱—books@readingtimes.com.tw

時報出版風格線臉書—https://www.facebook.com/bookstyle2014

法律顧問— 理律法律事務所　陳長文律師、李念祖律師

印　　刷— 金漾印刷有限公司

初版一刷— 2019 年 6 月 14 日

初版二刷— 2020 年 9 月 16 日

定　　價— 新台幣 380 元

時報文化出版公司成立於1975年，

並於1999年股票上櫃公開發行，於2008年脫離中時集團非屬旺中，

以「尊重智慧與創意的文化事業」為信念。

（缺頁或破損的書，請寄回更換）

謝沅瑾 命理 研究中心 瑾
民俗文化

台灣國際級易經風水命理大師

風水鑑定、諮詢／姓名、寶號鑑定命名／制煞、招財物品

謝沅瑾老師風水、命理、姓名學專題演講、課程預約中！
招財、化煞、旺運等各式主題之國內外演說！現場問答！

謝沅瑾老師最新著作熱銷中！

于子芸老師
中華易總十大名師
專業姓名學老師

謝沅蓁老師
中華周易道派
第十九代掌門宗師

于千祐老師
中華堪星道派
第十七代掌門宗師

風水、命理、姓名諮詢・制煞招財物品・演講、課程邀約

- ■預約電話：02-2756-9880（代表號）
- ■預約傳真：02-2756-9762（24小時）
- ■制煞招財物品專線：0935-269-265 于小姐
- ■服務地址：台北市信義區松隆路157號1樓
- ■電子郵件：hyjls@yahoo.com.tw
- ■預約服務時間：上午10點至下午6點（例假日休息）

■Facebook臉書、微博WEIBO、微信公眾號、YouTube影片分享網站搜尋：「謝沅瑾」